2022年
国家统一法律职业资格考试

主观题
冲刺案例分析
民　法

空玄清 ◎ 编著

民法的倫理為尊重
民法之核心是意思
空玄清

中国政法大学出版社

2022·北京

图书在版编目（ＣＩＰ）数据

2022 年国家统一法律职业资格考试主观题冲刺案例分析. 民法/空玄清编著. —北京：中国政法大学出版社，2022.8

ISBN 978-7-5764-0616-0

Ⅰ.①2⋯　Ⅱ.①空⋯　Ⅲ.①民法－中国－资格考试－自学参考资料　Ⅳ.①D92

中国版本图书馆 CIP 数据核字(2022)第 136807 号

出 版 者　　中国政法大学出版社

地　　址　　北京市海淀区西土城路 25 号

邮寄地址　　北京 100088 信箱 8034 分箱　邮编 100088

网　　址　　http://www.cuplpress.com（网络实名：中国政法大学出版社）

电　　话　　010-58908285(总编室) 58908433（编辑部） 58908334(邮购部)

承　　印　　固安华明印业有限公司

开　　本　　787mm×1092mm　1/16

印　　张　　5.75

字　　数　　135 千字

版　　次　　2022 年 8 月第 1 版

印　　次　　2022 年 8 月第 1 次印刷

定　　价　　39.00 元

目 录

专题一　民法基本原则

※背点 1　诚信原则

【试题演练 1】

甲建设公司出售预售房屋，买受人乙与甲签订房屋买卖合同时，将售楼小姐出示的房屋平面图钉在合同书之后，但在合同中约定条款 A，内容如下"双方权利义务关系都以本合同文字约定为准，附件房屋平面图仅供参考之用。"房屋建成后，发现与平面图不符。

【问】 A 条款的内容违反何种原则？为什么？

【答】 违反诚信原则。当事人的行为构成禁反言的，违反诚信原则。根据一般的交易习惯，平面图表现房屋的内容作为合同的内容，甲公司首先将房屋的平面图附加合同书后面，即为作为合同的一部分，而又约定 A 条款，显然是禁反言，违反诚信原则。

【试题演练 2】

乙患有精神疾病，看见红色有如看见流血，并因之惊恐不已。同事甲明知其情，竟每日穿红色衣服上班，乙无法忍受。

【问】 甲的行为违反民法的何种原则，为什么？

【答】 甲的行为违反诚信原则。

权利滥用是指在外观上为权利之行使，主观上有损害他人的意思并且以此为主要目的的行为。穿着何种颜色衣服上下班，应属甲的自由权范畴，然甲穿着红色衣服上班显属权利滥用，禁止权利滥用体现诚信原则，因此甲的行为违反诚信原则。

【话术总结】 当事人的行为构成权利滥用（缔约过失/情势变更/禁反言）的，违反诚信原则。

※背点 2　公序良俗原则

【试题精选】 2009 年，山东省济南市的吕某夫妻，给女儿取名"北雁云依"，但派出所不予登记户口。

【问】 本案取名的行为，违反民法的什么原则？

【答】 违反公序良俗原则，公序良俗指的是公共秩序和善良风俗，要求行为人从事民事活动要遵守公共秩序和善良风俗。本案中，吕某夫妻给女儿取名北雁云依，违反了管理秩序的需要，故而违反公序良俗。

【话术总结】 违反公序良俗的，民事法律行为无效。

专题二　合同的成立

※背点 1　格式合同

【试题精选】甲去 B 银行办理借记卡，去银行取卡时，被犯罪分子获知银行卡信息和密码，甲去找 B 银行维权，B 银行主张在办理银行卡时，已经通过公告向办卡人明示，凡是通过交易密码发生的一切交易行为，均应视为持卡人所为，银行概不负责。

【问】本案中银行是否要承担责任？

应该承担责任。本案中储蓄合同关系成立，而公示的内容应该属于格式条款，格式合同中提供格式条款一方不合理地免除或减轻自己责任，该格式条款无效。银行都有保障交易安全的义务，银行没有设置风险防范提示，致使储户难以识别盗码器，从而使犯罪分子有机可乘；同时，银行没有针对自助银行的特点采取必要的防范措施，以致盗码器得以安装并在较长时间内未被察觉、去除，直接导致银行借记卡磁条信息和密码被盗，存款损失；另外甲既没有将借记卡交由他人保管使用，也没有泄露任何信息，且在发现钱款被盗后马上报警，及时避免了损失扩大，在本案中没有过错。故法院支持甲的诉求，判决 B 银行赔偿存款及利息损失。

【话术总结】

（1）格式合同中约定造成对方人身伤害、故意或重大过失造成对方财产损失的免责条款无效。

（2）格式合同中提供格式条款一方不合理地免除或减轻自己责任、加重对方责任、限制对方主要权利，该格式条款无效（注意损人利己的格式合同无效）。

（3）格式合同中格式条款部分无效，除去该部分，合同的其他部分仍为有效。

※背点 2　狭义无权代理

【试题精选】甲男乙女结婚十年，未约定夫妻财产制，婚后甲出资购买 A 屋一栋，登记在乙女名下。之后甲乙双方协议离婚，协议离婚期间甲男未经乙女同意，擅自拿走 A 屋证书和乙的印章，与丙签订 A 屋买卖合同，但尚未完成产权移转登记。

【问】丙间 A 屋买卖合同的效力为何？

【答】买卖合同属于效力待定。婚后购买的房屋，不管登记在谁的名下，都属于夫妻共同财产，甲在离婚期间擅自以乙的名义签订合同，构成无权代理，且无权利外观，不构成表见代理，合同效力待定。

构成要件	（1）代理人没有代理权、超越代理权或者代理权终止后，仍然实施代理行为； （2）未经被代理人追认； （3）不构成表见代理。

续表

效力待定	无权代理行为产生的法律后果不对被代理人发生法律效力。被代理人追认的（包括事实上的追认：开始履行合同义务或接受相对人履行），合同有效。
救济	被代理人追认前，善意相对人享有撤销权； 被代理人拒绝追认的，善意相对人有权请求无权代理人履行债务或者就其受到的损害请求赔偿。

※背点 3　有权代理的效果

行为的效果须直接及于本人，效果不仅包括合同的权利义务归属于本人——合同地位人是本人，还包括附属效果，比如代理人受到欺诈，此时本人享有撤销权。

※背点 4　冒名行为

【常考案例】甲冒用知名收藏家乙的名义，向丙画廊购买某画，而丙画廊正是因钦慕乙之盛名而愿意出售该画，以期望能借此提高身价，则此时应类推适用无权代理之规定，冒名者甲必须对丙画廊负担损害赔偿责任。

甲拾得乙的身份证，乃变造其复印件，向丙银行申请信用卡。丙未仔细审查就核发信用卡给甲，甲将信用卡刷爆后，丙不能向乙求偿，只能向甲请求其损害赔偿，不得向乙主张其权利。

（1）冒名行为的含义

冒名行为，是指相对人对于被冒名之人有一定联想而意在与其发生法律关系，该法律行为不发生效力。

（2）冒名行为的效力

冒名行为，以主体之姓名对相对人是否具有交易上识别重要性，而区分成两种情况，加以处理。

详言之，若行为人所冒用之姓名在交易上"不"具有"识别重要性"，如行为人所为者是现金直接交易、餐厅订位或旅馆住宿等，则此时直接对于行为人发生效力即可。

反之，若冒名者所冒用之姓名在交易上具有识别重要性，则应"类推适用"无权代理之规定。

（3）冒名行为和无权代理的区别

冒名行为指假冒他人之名而从事民事法律行为，而自己为合同当事人。

无权代理指的是虽然是假借他人名义，但是法律效果有归属于被代理人的意思的行为。

※背点 5　表见代理

行为人没有代理权（超越代理权/代理权终止后），以被代理人的名义实施民事法律行为，基于被代理人的行为，给代理人设立权利外观，相对人有理由相信其拥有代理权，相对人尽到了合理的注意义务且为善意，故该行为构成表见代理。

表见代理的外观设立——使相对人相信其有代理权的表征。

类型主要有两种：

（1）本人以自己的行为表明，已经授予代理权给他人。

【案例】本人交付印章与相关文件由他人保管，而他人却以该等印章与文件，作为本人曾经授予代理权的证明，而以本人名义与相对人为代理行为。

（2）已知他人表示为其代理人而不为反对之表示（容忍授权）。

容忍授权，是指本人已知他人表示为其代理人，但却不为反对的意思表示，学说上称之为容忍代理。须本人容忍持续一段相当期间，且于该期间内重复不断容忍无权代理人表示为其代理人，始能成立容忍授权的权利外观。

※背点6　缔约过失

【案例分析】甲假借订立合同之名，号称要把房屋给乙，约定价金500万元，乙因此拒绝丙以价金480万元出售同类的房屋。其实双方订立合同后，乙和丁签订转售房屋的合同，价金530万元。其后发现A房屋在甲与乙订约前即已灭失，甲自始没有缔约的意思。乙有权向甲请求何种损害赔偿？

甲承担缔约过失责任，承担信赖利益的损害赔偿，可分为所受损害——缔约成本或准备费用以及所失利益；因此丧失机会产生的损失，对应的是500－480＝20万。

（1）构成：假借订立合同，恶意进行磋商（故意隐瞒与订立合同有关的重要事实或者提供虚假情况；知悉或持有他方的秘密，经他方明示应予保密而泄漏之；有其他违背诚实信用原则的行为）。

（2）法律效果——指信赖利益之损害赔偿，而非履行利益的赔偿。赔偿包括所得损害和所失利益。所受损害指的是应赔偿缔约人基于正当信赖所投入之缔约费用、准备履约或受领给付的费用所构成的信赖利益，所失利益指的是相对人确实因缔约过失责任人的行为遭受交易机会损失等损失。

专题三　合同的效力

※背点1　胎儿的权利能力

胎儿在遗产继承、接受赠与和权利受到损害时享有权利能力，但是以活体出生为限。

※背点2　限制行为能力人从事的法律行为

年满8周岁不满18周岁的未成年人为限制行为能力人，但16周岁以上的未成年人，以自己的劳动收入为主要生活来源的，应当视为完全民事行为能力人。限制行为能力人从事的民事法律行为，原则上需要经过其法定代理人的同意（包括：事前的允许和事后的追认），即为效力待定。

【例外1】与年龄、身份相适应的民事法律行为是有效的。
【例外2】从事的纯获法律上利益的民事法律行为是有效的。
【例外3】限制行为能力人从事的中性无损益的行为是有效的。

※背点3　单方虚伪法律行为

相对人善意的，单独虚伪意思表示有效。
相对人恶意的，单独虚伪意思表示无效。

※背点4　虚伪法律行为

阴阳合同（非规范用语，考试不要用）

【试题精选】

甲有市价500万元房屋的所有权，为避免债权人追债，遂与友人乙约定两人假装做成买卖，办所有权转移登记，并交房屋给乙。其后，乙将该房屋出卖给不知情的丙，并将房屋移转登记且交付给丙。

【问】丙要如何依法才能取得房屋的所有权？

【答】丙善意取得房屋的所有权。甲乙之间的合同属于虚伪法律行为，乙不能取得标的物的所有权。依题，丙不知甲与乙间通谋虚伪意思表示，属善意第三人，且发生法律行为而物权之变动，而登记为所有权人。故基于受善意受让制度之保护，丙取得房屋的所有权。

【试题精选】

甲因负债，为避免债权人强制执行，故与乙订立虚伪买卖合同，将甲仅有之一栋房屋卖给乙，并将房屋所有权移转登记于乙（均为通谋虚伪意思表示）。不久，乙死亡，乙只有儿子丙和孙子庚，除此之外，再无其他亲属。乙生前立下遗嘱，将收藏的花瓶留给自己的孙子。该房屋经办妥继承登记予善意的丙，丙立即出租并交付该房屋予亦为善意的丁。其后，丙被戊之代理人己欺诈，而就该房屋办理抵押权予戊，戊及己均不知甲乙的通谋情势。半年后，甲请求丙及戊分别涂销所有权及抵押权的登记，并请求丁返还该房屋。

【问题】

1. 房屋的所有权人是甲还是丙，请述明原因。

【答】 房屋的所有权人是甲。根据《民法典》第一百四十六条第一款规定，行为人与相对人以虚假的意思表示实施的民事法律行为无效。该民事法律行为无效，即为不发生所有权转移的效果。本题目中，甲乙之间形式上达成房屋买卖合同，并进行所有权转移的合意和移转登记，但甲乙之间民事法律行为性质上属于虚伪法律行为，没有所有权转移的法律效果，因此所有人是甲而不是乙。

另外，理论上认为虚伪法律行为不发生所有权变动的效果，未经登记不可对抗善意第三人，而第三人解释为基于民事法律行为产生的物权的善意取得人，继承属于事实行为而非民事法律行为，继承人丙不能主张取得房屋之所有权。

综上两点可知，故甲作为所有权人，丙非所有权人。

2. 丙丁合同是否有效，甲是否有理由请求丁返还房屋，请尝试说明理由？

【答】（1）丙丁之间合同有效。根据第1问的分析，甲乙之间的通谋虚伪法律行为无效，甲属于所有权人。丙将甲的房屋出租给丁，因为租赁合同性质上属于负担行为不以处分权为前提，丙虽然出租他人之物，但是租赁合同有效。

（2）甲可以请求丁返还该房屋。基于合同之相对性，租赁合同仅对丙和丁之间发生效力，丙丁的租赁合同效力不能对抗所有权人甲，即为对甲而言，丁的占有构成无权占有。根据《民法典》第二百三十五条规定，无权占有不动产或者动产的，权利人可以请求返还原物。因此甲作为所有权人可以请求丁返还原物。

3. 甲是否有权注销抵押权的登记？

【答】 甲是否有权请求戊注销抵押权的登记，视丙是否撤销意思表示。因为抵押设定行为是由代理产生，根据《民法典》第一百六十二条的规定，代理人在代理权限内，以被代理人名义实施的民事法律行为，对被代理人发生效力，所以戊承担基于抵押设定行为这一民事法律行为的法律效果。又代理人己实施欺诈行为，代理行为的效力此时根据代理人为或者受意思表示时认定，己实施欺诈行为，丙享有撤销权。又根据《民法典》第一百五十二条，撤销权除斥期间的规定，此时距离知悉欺诈之事由结束不满一年，所以此时丙的撤销权仍然存在。

丙将房屋设定抵押权予戊，属于处分行为，又房屋属于甲所有，所以丙的行为属于无权处分，因为不动产登记簿登记的权利人是丙，基于对不动产登记簿的信任，戊有理由相信丙是所有人。根据《民法典》第三百一十一条的规定，戊在不考虑可撤销事由的前提下，可以善意取得房屋的所有权。但是丙一旦依法行使撤销权，因为民事法律行为无效，戊没有取得的前提，所以此时仍不能主张善意取得。根据《物权编司法解释一》的第二十一条规定，设定抵押的合同因被撤销而无效的，此时不适用善意取得的规定，因此如丙行使撤销权，则此时不适用善意取得的规定。

4. 有法律爱好者说，于乙死亡时庚即取得花瓶的所有权，该说法是否正确，尝试简要分析。

【答】该法律爱好者的说法错误。根据《民法典》第一千一百二十七的规定，孙子女不属于法定继承的范畴。乙通过遗嘱的形式设定花瓶由乙的孙子庚来继承，属于遗赠行为。遗赠人以遗嘱对继承人以外第三人所作的赠与，而使继承人负执行义务的行为。根据《民法典》第二百三十条规定，因继承取得物权的，自继承开始时发生效力，而继承不包括遗赠，因此不是被继承人死亡时，庚取得所有权，而且物权变动需要公示，根据《民法典》第二百二十四条的规定，动产物权的设立和转让，自交付时发生效力，但是法律另有规定的除外。本案中，乙死亡，丙继承取得花瓶的所有权，丙有义务执行遗嘱，把花瓶交付给庚时才导致花瓶的物权发生变动。

【话术总结】

（1）通谋虚伪法律行为（虚伪法律行为、虚假法律行为）无效。

（2）通谋虚伪法律行为无效，但是不得以其无效对抗善意物权第三人。第三人善意构成善意取得，第三人属于概括继承人。

重大误解

【试题精选】

乙向甲购买喷墨印表机，甲误取镭射印表机交付，乙已将镭射印表机转卖于善意的丙，甲可否向丙主张取回，为什么？

【答】甲出卖喷墨印表机于乙，误取而交付镭射印表机于乙，属表示行为的错误，且交付之标的物客观上认为重要，表意人非出于自己之过失，所以构成重大误解。甲须于除斥期间内向乙行使撤销甲乙之间的合同，经撤销后视为自始无效。甲撤销合同后，乙为无权处分，丙为善意第三人，丙善意取得该镭射印表机的所有权，故甲不得向丙请求返还该镭射印表机。

（1）含义：行为人做出意思表示时，因为自己的原因导致产生错误认识，导致内心效果意思与外部表示行为出现不一致，且这不一致非出于故意导致，构成重大误解。

（2）当事人对内容错误（当事人、标的物或者法律行为的性质认识错误）构成重大误解。

（3）当事人资格错误和物的性质认识错误，影响交易的，构成重大误解。

（4）动机错误不构成重大误解。

（5）重大误解的法律效果。

第一层法律效果	作出误解的一方享有撤销权，请求法院或仲裁机构行使撤销。
第二层法律效果	相对人得主张信赖利益的损害赔偿。 属信赖利益损赔（例：缔约费用、准备履约费用、丧失的缔约机会等，又信赖利益不得大于履行利益）。 【法理】兼顾相对人的利益。

欺诈

（1）重大误解和欺诈的关系（判断是构成欺诈还是重大误解）

重大误解是表意人自己认识的错误而发出意思表示。

欺诈是别人让表意人陷入错误的认识而发出意思表示。

（2）第三人欺诈

第三人是指独立实施欺诈行为的人，不包括代理人，不包括和当事人共同实施欺诈的人。

受欺诈人的相对人知情，当事人才享有撤销权，受欺诈人的相对人不知情，当事人不享有撤销权。

胁迫

【试题精选】

甲受丙胁迫将 A 画赠与乙，乙又将 A 画赠与善意的丁，均依让与并交付乙不知甲受丙胁迫的情势。

【问】 甲是否有权向丁请求返退该画？

【答】 甲享有返还原物请求权。第三人实施胁迫行为，即使相对人不知情，受胁迫方仍有权撤销该行为，法律行为一旦撤销，视为自始无效。依题意，丙胁迫甲将 A 画赠与乙，是属第三人实施胁迫，甲有权撤销其合同，撤销后，乙自始并非 A 所有人，该 A 画仍属于甲所有。乙将 A 画赠与善意的丁，属于无权处分，丁即使善意的，赠与也不适用善意取得，因此甲作为所有权人，享有返还原物请求权。

【话术总结】

①胁迫是指当事人或第三人（基于胁迫的双重故意）故意预告实施危害，使对方因此陷入恐惧而作出意思表示。

②第三人实施胁迫行为，即使相对人不知情，受胁迫方仍有权撤销该行为。

显失公平

在主观上乘他人急迫、轻率、无经验，而在不注意、未熟虑的情况下（乘人之危），订立了客观上财产上给付或给付之约定则显失公平的民事法律行为，受害人享有撤销权。

※背点 5　影响效力的其他因素

1. 合同的效力

（1）有效合同的构成要件（法考主观题）

行为人有相应的民事行为能力＋意思表示真实＋内容不违背公序良俗，不违反法律、行政法规的效力性强制性规定。

（2）无权处分

【试题精选】

乙有 A 汽车，因出国留学深造，将 A 汽车交由其儿子甲使用。乙出国未到一个月，甲便将 A 汽车，出售与丙，并交付之。半年后，乙返国未及几日，便突然去世。

【问】 甲的行为效力如何分析？

【答】 乙死之前，甲以自己名义将 A 屋出售与丙，并交付之，属无权处分，合同属于负担行为，负担行为不以处分权为前提，因此，无权处分中合同有效。物权行为效力未定，故丙仍未取得 A 屋所有权。乙死之后，甲继承 A 汽车，取得 A 汽车的所有权，则由无权处分变成有权处分，丙取得汽车的所有权。

【话术总结】 合同属于负担行为，负担行为不以处分权为前提，因此，无权处分中合同有效。

（3）一物数卖

【试题精选】

甲把房屋出售给乙，后来甲丙就该房屋又签订了买卖合同，考察甲、丙之间合同效力时应当考虑本案中的哪些因素？

答：有效；无效的因素，主要是恶意串通。

成立"恶意串通"要符合三个条件——具有损害的恶意、须有串通和合同的成立及其履行客观上损害了第三人的合法权益。丙虽知道甲已经将房屋出卖给乙，但因欠缺意思主义的恶意，甲、丙尚不成立恶意串通。因此，甲、丙之间的房屋买卖合同不存在无效事由，系有效的买卖合同。

【话术总结】

① 一物多卖，基于债权的平等性和相容性，不同的民事主体可以享有同一内容的债权，因此每个合同都有效。

②一物二卖，第二买受人知情，不构成恶意串通的连带责任，因为债权的损害，产生的违约责任，只有债务人承担而第三人不构成侵害债权，而恶意串通损第三人利益时，要求二人共同损害第三人的利益或者公共利益，承担连带责任，因此不构成恶意串通。

【无效的法条整理】

（1）诉讼时效的特约的无效

《民法典》第一百九十七条　诉讼时效的期间、计算方法以及中止、中断的事由由法律规定，当事人约定无效。当事人对诉讼时效利益的预先放弃无效。

（2）无证的出卖、出租无效

《最高人民法院关于审理商品房买卖合同纠纷案件适用法律若干问题的解释》

第二条　出卖人未取得商品房预售许可证明，与买受人订立的商品房预售合同，应当认定无效，但是在起诉前取得商品房预售许可证明的，可以认定有效。

第六条　当事人以商品房预售合同未按照法律、行政法规规定办理登记备案手续为由，请求确认合同无效的，不予支持。

《最高人民法院关于审理城镇房屋租赁合同纠纷案件具体应用法律若干问题的解释》

第二条　出租人就未取得建设工程规划许可证或者未按照建设工程规划许可证的规定建设的房屋，与承租人订立的租赁合同无效。但在一审法庭辩论终结前取得建设工程规划许可证或者经主管部门批准建设的，人民法院应当认定有效。

第三条　出租人就未经批准或者未按照批准内容建设的临时建筑，与承租人订立的租赁合同无效。但在一审法庭辩论终结前经主管部门批准建设的，人民法院应当认定有效。

租赁期限超过临时建筑的使用期限，超过部分无效。但在一审法庭辩论终结前经主管部门批准延长使用期限的，人民法院应当认定延长使用期限内的租赁期间有效。

第四条第一款　房屋租赁合同无效，当事人请求参照合同约定的租金标准支付房屋占有使用费的，人民法院一般应予支持。

（3）信息网络侵害协议的无效

《最高人民法院关于审理利用信息网络侵害人身权益民事纠纷案件适用法律若干问题的规定》

第十条　被侵权人与构成侵权的网络用户或者网络服务提供者达成一方支付报酬，另一方提供删除、屏蔽、断开链接等服务的协议，人民法院应认定为无效。

（4）民间借贷的无效

《最高人民法院关于审理民间借贷案件适用法律若干问题的规定》

第十二条　借款人或者出借人的借贷行为涉嫌犯罪，或者已经生效的裁判认定构成犯罪，当事人提起民事诉讼的，民间借贷合同并不当然无效。人民法院应当依据民法典第一百四十四条、第一百四十六条、第一百五十三条、第一百五十四条以及本规定第十三条之规定，认定民间借贷合同的效力。

担保人以借款人或者出借人的借贷行为涉嫌犯罪或者已经生效的裁判认定构成犯罪为由，主张不承担民事责任的，人民法院应当依据民间借贷合同与担保合同的效力、当事人的过错程度，依法确定担保人的民事责任。

第十三条　具有下列情形之一的，人民法院应当认定民间借贷合同无效：

（一）套取金融机构贷款转贷的；

（二）以向其他营利法人借贷、向本单位职工集资，或者以向公众非法吸收存款等方式取得的资金转贷的；

（三）未依法取得放贷资格的出借人，以营利为目的向社会不特定对象提供借款的；

（四）出借人事先知道或者应当知道借款人借款用于违法犯罪活动仍然提供借款的；

（五）违反法律、行政法规强制性规定的；

（六）违背公序良俗的。

（5）遗嘱的无效

《民法典》第一千一百四十三条　无民事行为能力人或者限制民事行为能力人所立的遗嘱无效。

遗嘱必须表示遗嘱人的真实意思，受欺诈、胁迫所立的遗嘱无效。

伪造的遗嘱无效。

遗嘱被篡改的，篡改的内容无效。

（6）超过租赁期限20年的超过部分无效

《民法典》第七百零五条　租赁期限不得超过二十年。超过二十年的，超过部分无效。

租赁期限届满，当事人可以续订租赁合同；但是，约定的租赁期限自续订之日起不得超过二十年。

（7）《民法典》第五百零六条　合同中的下列免责条款无效：

（一）造成对方人身损害的；

（二）因故意或者重大过失造成对方财产损失的。

（8）建设工程合同的无效——转包和违反分包无效

转包合同一律无效。

全部转包或者肢解后以分包的名义转包的，合同无效。

分包的效力；

合法分包——合同有效；

经发包人同意＋部分"非主体"工程分包＋分包人具有相应的资质＋不再分包。

违法分包——合同无效；

①承包人未经发包人同意而分包；

②名为分包实为肢解（实际为转包）；

③主体工程分包；

④分包给不具备相应资质条件的单位；

⑤分包单位将其承包的工程再分包。

【取缔性规定】

是否定事实行为但是不否认法律行为效力；

如：没有备案登记出租房屋、违规摆设地摊。

《房屋租赁司法解释》第四条规定，当事人以房屋租赁合同未按照法律、行政法规规定办理登记备案手续为由，请求确认合同无效的，人民法院不予支持。

【效力快速记忆版话术】

有效	当事人具有相应的民事行为能力，意思表示真实，且内容不违背公序良俗，不违反法律、行政法规的效力性强制性规定，合同有效。
无效	该合同的内容违反法律、行政法规的效力性强制性规定而无效。 该合同的内容违背公序良俗而无效。 该合同是当事人恶意串通签订，损害他人合法权益而无效。 该合同系当事人签订的合同属于虚伪法律行为而无效。 该合同的当事人是无民事行为能力人当属无效。 格式条款中提供格式条款一方不合理地免除或者减轻其责任、加重对方责任、限制（排除）对方主要权利的无效。 流押、流质条款不发生物权直接变动的效力（按担保处理）。 定金合同中定金数额超过20%的部分。 租赁合同中租期超过20年的部分。 民间借贷年利率超过一年期贷款市场报价利率四倍的部分。
重大误解	当事人因对行为性质认识错误（对方当事人认识错误/标的物的品种、质量、规格和数量的错误认识），导致合同的中的意思与自己的内心的意思不一致，并造成较大损失，属重大误解。
当事人欺诈	当事人故意告知当事人虚假事实（故意隐瞒真实事实），使当事人因此陷入错误认识，而作出的意思表示，构成欺诈行为，依照《民法典》的规定，受欺诈人享有撤销权。
第三人欺诈	第三人故意告知当事人虚假事实（故意隐瞒真实事实，使当事人因此陷入错误认识，而作出的意思表示，构成欺诈行为，依照《民法典》的规定，受欺诈人的相对人知情时，享有撤销权；受欺诈人的相对人不知情时，不享有撤销权）。
胁迫	当事人或第三人故意预告实施危害行为，使当事人因此陷入恐惧而作出意思表示，属胁迫。
乘人之危	当事人利用当事人处于危困状态或缺乏判断能力，致使合同成立属显失公平，当可撤销。
无权处分	无权处分，买卖合同（租赁合同）有效，所有权不转移或者抵押权不设立。

专题四　无因管理和不当得利

※背点1　无因管理

【案情】

甲年老孤苦，久病厌世。某日，反锁自家门窗，于房内引火自焚。情况紧急，非破门入内抢救，势必屋毁人亡。千钧一发之际，适有建筑工人乙路过，见状，即持其准备建设的工具，破毁房门并入屋搭救。不料，甲死意已决，竟拒绝乙的搭救，乙不得已，情急之下，以木棒打断甲之左臂，将甲及时拖救出屋，但乙自己因救助导致中度灼伤，住院一月后才痊愈，断臂之甲经住院多时，才痊愈。

1. 乙是否可以主张请求甲赔偿因灼伤所受的损害，为什么？

可以主张。乙并无法律上义务救助引火自焚的甲，故乙基于救助的意思对甲所为的救助，属于无因管理。管理人管理事务虽违反本人的意思，但是符合公序良俗，故本题乙对甲的救助属于真正的无因管理。管理人可以对本人主张享有无因管理时产生的损害，本题中乙于对甲为救助时中度灼伤，自请求甲赔偿因灼伤所受的损害。

2. 甲请求乙赔偿毁门及断臂所受损害，有无理由？

甲不得请求乙赔偿毁门及断臂所受之损害。本题中乙对甲所从事的救助行为属无因管理，已如前述。无因管理有违法阻却效果，故乙于救助甲之过程中，虽破毁甲之房门而侵害甲之所有权，并以木棒打断甲的手臂而侵害甲之身体健康权，因其行为不具有不法性，故并不成立侵权行为，甲不得请求乙赔偿毁门及断臂所受的损害。（或者根据紧急避险，因避免自己或他人生命、身体、自由或财产上急迫之危险，所为的行为，不负损害赔偿责任。本题中乙为了救助甲的生命，故破毁甲之房门并打断甲的手臂，属紧急避险的范畴，而发生阻却行为不法。）因此，甲不得请求乙赔价毁门及断臂的损害。

乙可以请求甲赔偿损失，损害赔偿的范围包括所受损害及所失利益，故乙因治疗灼伤所支付之医疗费及住院期间不能工作而减少之收入，均可以向甲请求赔偿。

1. 无因管理的判定

无法律或者约定的义务，管理他人之事务，有为他人管理事务的意思的行为属无因管理。

2. 无法律或者约定的义务，管理他人之事务，违反本人的意思，不构成无因管理。

3. 无法律或者约定的义务，管理他人之事务，违反本人的意思，但是为本人尽公益上义务或履行法定扶养义务，或本人之意思违反公共秩序善良风俗时，构成无因管理。

4. 对于管理行为

本人不允许管理	管理人即应该停止 否则不构成【适法的无因管理】
本人允许管理	构成委托，具有法律上的义务，适用委托合同的规定

管理人返还义务和赔偿义务：

（1）管理人交付与移转权利义务

管理人因处理委托事务所收取之金钱、物品及孳息，应交付于受益人。

（2）管理人承担损害赔偿责任

管理行为对委任人造成损害的，应赔偿。

5. 适法管理人之权利——即本人之给付义务

（1）管理人有权请求因管理支出费用和支出时起之利息。

（2）管理人有权请求因管理行为所受损害的赔偿。

（3）因管理行为而负担之债务，管理人有权请求本人清偿。

（4）管理人无报酬请求权。

6. 误信管理

误信管理，误以为他人事务为自己事务所为的管理，应依不当得利、侵权行为等规定处理之。

7. 不法管理

管理人明知为他人之事务，而为自己之利益管理之者，为不法管理，不法管理之本人仍得享有因管理所得之利益，且其仅须于所得利益内，对管理人负有给付义务。

※背点 2　不当得利

1. 不当得利适用的例外

（1）给付属履行道德上义务，给付完毕后不构成不当得利。

（2）清偿未到期的债务或者清偿已经超过诉讼时效债务的，不构成不当得利。

（3）明知无给付义务而进行的债务清偿，对于给付之后的不构成不当得利。

（4）基于不法原因而为给付，得利人不享有不当得利返还请求权。

（5）基于不法原因而为给付，不法之原因仅于受领人一方的，得利人不享有不当得利返还请求权。

2. 不当得利的效力

（1）构成不当得利的，得利人有原物（孳息）的要返还原物（包括孳息），无则返还相应的价额。

（2）构成不当得利的，善意受领人仅就现存利益，负返还义务。

（3）构成不当得利的，恶意受领人返还的是利益和附加利息，如果产生损害的，此时承担损害赔偿责任。

（4）强迫得利

强迫得利的受损人违反受领人的意思或不合其计划，使受领人因受损人的行为而受有利益。强迫得利中一般认为，得利人不得利，因此不负返还义务。

（5）得利人已经将取得的利益无偿转让给第三人的，受损失的人可以请求第三人在相应范围内承担返还义务，让与人因无偿让与而免予返还义务。

专题五　合同履行

※背点 1　情势变更原则

适用要件	客观——须行为基础发生变化	客观环境导致比如说物价飙涨、货币贬值、经济危机、战争或者自然灾害等原因导致行为基础发生了变化
	主观——情势是非缔约当时所得预料	对于当事人不可预见之情势（为法律效力发生原因之法律行为或其他法律事实之基础或环境）之剧变所设之救济制度。一般的商业风险导致物价波动，不属于不可预料的情势
	时间	合同成立后，履行完毕之前
	结果	显失公平
效果		先协商，协商不成产生解除权和变更权

1. 情势变更必须发生在合同成立后履行完毕前，情势变更是当事人于缔约时所无法预见的，须合同交易基础发生了不属于商业风险的重大变化，情势变更使继续履行原合同将显失公平。

2. 受不利影响的当事人可与对方重新协商；协商不成的，当事人可以请求法院或者仲裁机构变更或者解除合同。

※背点 2　双务合同三大抗辩权

1. 同时履行抗辩权

当事人互负债务，没有先后履行顺序的，一方在对方履行之前有权拒绝其履行请求，或一方在对方履行债务不符合约定时，可以行使**同时履行抗辩权**而有权拒绝其相应的履行请求。

2. 后履行方行使先履行抗辩权（顺序履行抗辩权）

当事人互负债务，有先后履行顺序，<u>应当先履行债务一方未履行的</u>，后履行一方有权行使先履行抗辩权（后履行一方有权拒绝其履行请求）。

当事人互负债务，有先后履行顺序，**先履行一方履行债务不符合约定的**，后履行一方有权行使先履行抗辩权（后履行一方有权拒绝其相应的履行请求）。

3. 先履行方行使不安抗辩权

应当先履行债务的当事人，有确切证据证明后履行一方存在经营状况严重恶化或转移财产、抽逃资金，以逃避债务或丧失商业信誉的，可以中止履行。

先履行方享有不安抗辩权，但对方提供适当担保的，应当恢复履行。中止履行后，对方在合理期限内未恢复履行能力且未提供适当担保的，视为以自己的行为表明不履行主要债务，中止履行的一方可以解除合同并可以请求对方承担违约责任。

【抗辩权的常考必背点】

（1）相应的抗辩权：

一方未履行全部义务，则对方可拒绝履行全部。

一方未履行部分义务，则对方仅可拒绝履行相对应的部分。

（2）对于不安抗辩权，若后履行方出现"预期违约"的情形，则先履行方可以解除合同。预期违约指的是在清偿期之前，债务人明确表示拒绝给付。债权人可行使损害赔偿或解除合同的权利。

※背点3　第三人代为履行

物上保证人、抵押物的受让人或次承租人代承租人清偿债务的，债务人无权提出异议。债权人不能拒绝受领第三人的债偿。

专题六　债的保全

※背点 1　代位权

1. 紧急保全代位权的构成

（1）时间上，在被保全的债权到期之前；

（2）代位必要，代位债权或该债权有关的从权利存在诉讼时效期间即将届满或者未及时申报破产债权等情形，影响债权人的债权实现的；

（3）代位行为，不以诉讼为必要；

（4）可代债务人主张债权以中断诉讼时效；

（5）可代债务人申报债权。

2. 一般代位权构成要件

（1）债权人对债务人的债权合法到期；

（2）保全债权和代行债权均已到期；

（3）债务人怠于行使到期债权，对债权人造成损害；

债务人怠于主张债权，导致其责任财产不充实，使得债权人的债权不能得到实现。反之，若债务人现有的财产足以履行对债权人的债务，则债权人不能主张代位权；

（4）债务人的债权并非专属债权。

代位行使的债权不应该具有专属性。

专属性的债权包括基于扶养关系、抚养关系、赡养关系、继承关系产生的给付请求权和劳动报酬、退休金、养老金、抚恤金、安置费、人寿保险、人身伤害赔偿请求权等权利。

※背点 2　撤销权

【试题精选】

甲公司向乙公司借款8000万元，借款期限未到，双方签订以物抵债协议，约定将甲公司的办公楼过户给乙公司，以抵偿债务，但未办理过户登记。

甲公司的债权人丙认为，办公楼应当值1.2亿，该以物抵债协议价格过低，遂向法院提起诉讼，要求撤销该以物抵债协议。乙公司认为，甲公司还有大量财产可以偿还丙公司债务，丙公司主张撤销的理由并不成立。

其后，甲公司又向丁公司借款，这时公司财产已经全部抵押或出质。无奈，甲公司股东A在未与妻子商量的情况下，向丁公司做了保证。

【问】丙公司是甲公司的债权人，他发现这个以物抵债的协议，把一幢价值1.2亿的办公楼抵给了乙公司，但甲公司欠乙公司的钱只有8000万，所以他想行使债权人撤销权，撤销这个合同。债务人还有大量财产可以清偿时，会不会影响到撤销权的行使？

【答】会导致债权人撤销权不能行使。

债权人撤销权规范的是诈害债权的行为，根据《民法典》第五百三十九条，债务人以明显不合理的低价转让财产、以明显不合理的高价受让他人财产或者为他人的债务提供担保，影响债权人的债权实现，债务人的相对人知道或者应当知道该情形的，债权人可以请求人民法院撤销债务人的行为。根据本法条可知，债权人行使撤销权的前提是因为债务人的行为导致债权不足获得清偿，而如果处分办公楼的行为不足以危害债权的实现，题目说甲公司尚有大量财产，足以清偿债务，因此甲公司处分办公楼的行为不属于债权人保全的范畴，不能行使撤销权。

1. 前提要件

实施诈害行为之前，要求有债权的存在，若诈害行为发生在债权成立之前，其行为无损于债权，则债权人没有撤销权。

2. 途径要件：使必要责任财产减少的民事法律行为

（1）只有财产法律行为才可以撤销，身份行为不可以撤销。

（2）以劳务为给付的非财产行为不可撤销。

（3）抛弃继承权的行为也不可以撤销。

3. 目的要件：旨在诈害债权

（1）债务人实施的法律行为旨在诈害债权，才有撤销保全的必要。诈害行为表现为使其积极财产减少（如移转所有权、设定负担、免除债务等）或消极财产增加（负担债务），导致其因此陷于无资力。

（2）债务人在实施民事法律行为时，不足以导致责任财产的减少，尚有其他财产足以清偿其对债权人所负债务，即不构成诈害行为，债权人不得申请法院撤销。

4. 撤销权的主观性

（1）无偿处分行为——不管第三人善意、恶意均可撤销。

包括债务人无偿转让财产、放弃债权担保、放弃债权、恶意延长到期债权的履行期等。

（2）不等价处分行为

针对的不合理的低价出，高价入的交易——第三人恶意的可撤销。

①以明显不合理低价转让财产或以明显不合理的高价收购他人财产，且第三人知道或应当知道该行为可能损害债权人的债权。

②"明显不合理低价"指价格低于市场价的70%。

③"明显不合理高价"指价格高于市场价的30%。

专题七　违约责任

※背点 1　违约责任的构成要件

【案情】A 汽车公司销售部经理甲于偶然机会发现，其公司生产之 X 型汽车刹车系统有瑕疵，甲立刻向公司总经理乙报告该事实。不过，乙却要求甲隐匿之。甲愤而向公司辞职，然而甲刚于前几日与公司签下合约书，于合同载明甲于 3 年内不得以任何理由辞职，否则应赔偿公司违约金 10 万元。又丙向 A 汽车公司的经销商 B 公司购买该 X 型汽车，而在购买过程中，不知 X 型汽车有瑕疵的 B 公司销售人员对丙一再担保该车品质无忧。嗣后，丙开车外出时，因刹车失灵而车祸受伤，腿被撞断且车辆受损。

1. 合同中禁止辞职的约定，违反何种民法何种原则，为什么？

【答】该约定违反公序良俗原则。公序良俗指民事主体的行为应当遵守公共秩序，符合善良风俗，不得违反国家的公共秩序和社会的一般道德。本案中 3 年内不得以任何理由离职的约定，属于侵害甲保障的工作权及职业自由权之基本精神，而违反国家社会一般利益及道德观念，属于违反公序良俗原则。

2. 若甲坚持辞职，A 汽车公司得否请求甲赔偿违约金 10 万元？

【答】A 公司和甲的约定违反公共秩序善良风俗，根据《民法典》第一百五十三条第二款的规定，违背公序良俗的民事法律行为无效。因此该约定无效，不产生债权债务，则甲有权拒绝支付 10 万的违约金。

3. 根据《民法典》，丙的车祸受伤及车辆损毁，可以对谁主张违约责任，是否同时主张精神损害赔偿？

（1）丙有权对 B 公司主张违约责任

丙向 B 公司购买 X 型汽车一部，丙与 B 公司成立买卖合同。B 公司应依照债的目的交付 X 型汽车一部，但是 X 交付的汽车存在刹车系统的瑕疵，构成加害给付，根据《民法典》第五百七十七条的规定，当事人一方不履行合同义务或者履行合同义务不符合约定的，应当承担继续履行、采取补救措施或者赔偿损失等违约责任。因此 B 公司承担违约责任，支付因为车祸受伤（固有利益）和车辆损毁（履行利益）的损害赔偿。

（2）本题中 B 公司承担精神损害责任，丙撞断了自己的腿，身体健康权被侵害，根据《民法典》第一千一百八十三条，侵害自然人人身权益造成严重精神损害的，被侵权人有权请求精神损害赔偿。另外根据第九百九十六条规定，因当事人一方的违约行为，损害对方人格权并造成严重精神损害，受损害方选择请求其承担违约责任的，不影响受损害方请求精神损害赔偿。因此，B 公司承担精神损害赔偿责任。

4. 根据《民法典》，丙的车祸受伤及车辆损毁，除了违约责任还可以主张何种合同责任，请分析之。

丙还可以对 B 公司主张瑕疵担保责任。B 公司所给付之 X 型汽车有刹车失灵的瑕疵，显然人缺卡辆的通常或约定的价值、品质或效用，B公司须负物的瑕疵担保责任，丙可以请求减少价金、解除合同（显失公平）或请求损害赔偿。

5. 丙可以对 A 公司主张责任，适用何种归责原则？

丙可以要求生产者 A 公司承担无过错责任，根据《民法典》第一千二百零二条，因产品存在缺陷造成他人损害的，生产者应当承担侵权责任，A 公司作为生产者，承担无过错责任。

一、给付不能（履行不能）的法律效果

1. 原定给付的请求权已经消灭，不能请求继续履行。
2. 产生替代赔偿请求权（金钱替代赔偿）。
3. 导致合同目的不能实现时，产生合同的解除权。

二、给付迟延的法律效果

因为迟延本身产生的损害	（1）债务标的为金钱债务时，承担迟延利息。 金钱债务不存在履行不能。 《民法典》第五百七十九条 当事人一方未支付价款、报酬、租金、利息，或者不履行其他金钱债务的，对方可以请求其支付。 （2）债务标的不是金钱债务时，此时导致迟延引发的其他损害，如增加税负。
因为迟延对本债务的影响	（1）债权人仍可以主张债务人继续给付。 （2）债务人履行无利益时，债权人可拒绝受领给付并且请求损害赔偿责任。
债务人责任加重	在给付迟延中，因为不可抗力引发损害，由债务人承担。
和解除关系	（1）债务人给付迟延导致合同目的不能实现，债权人有权依法解除合同。 （2）非定期行为，债权人定"相当期限"＋催告，债务人仍不履行，债权人有权解除合同。

三、不完全给付

债务人虽然有给付，但是未按照债的目的给付——瑕疵给付和加害给付。

因不完全给付而生前项以外的损害的，债权人有权请求赔偿。违约责任造成人格利益损害的，会引发精神损害赔偿。

四、债权人受领迟延

债权人受领迟延指债权人对于已提出的给付拒绝受领。

受领迟延规范的重点在于减轻债务人的责任。

（1）债务人责任减轻：债权人迟延状态中，债务人仅就故意或重大过失负责。

（2）停止支付利息：债权人迟延状态中，债务人无须支付利息。

（3）债权人受领迟延中，就提存、保管给付物的必要费用，债务人可以向债权人请求赔偿。

※背点 2　违约的责任范围

一、完全赔偿原则

所受损害	现存财产因损害事实的发生而减少，属于积极损害。 如双方订立一个买卖汽车合同，债务人因可归责于本人的原因而未给付价金即受领该车，债权人因保管、维护车辆所花费的金钱。 如物品修补的费用，人身损害的支付等。
所失利益	新财产的取得因损害事实的发生而受妨害，属于消极损害。 如卖方未于约定日交付汽车，导致合同解除，导致买方无法再将该车以高价转卖他人而受有财产不增加的转售利润。

二、完全赔偿的限制

与有过失	与有过失指的是因为加害人的归责性较低，应该减轻责任的承担。 特殊体质不构成与有过失，不减轻责任。
损益相抵	基于同一原因事实受有损害并受有利益，其请求的赔偿金额，应扣除所受的利益。

※背点 3　解除权的行使

【案情】2月5日，甲与乙订立一份房屋买卖合同，约定乙购买甲的房屋一套（以下称01号房），价格80万元。并约定，合同签订后一周内乙先付20万元，交付房屋后付30万元，办理过户登记后付30万元。

2月8日，丙得知甲欲将该房屋出卖，表示愿意购买。甲告其已与乙签订合同的事实，丙说愿出90万元。于是，甲与丙签订了房屋买卖合同，约定合同签订后3日内丙付清全部房款，同时办理过户登记。2月11日，丙付清了全部房款，并办理了过户登记。

2月12日，当乙支付第一笔房款时，甲说：房屋已卖掉，但同小区还有一套房屋（以下称02号房），可作价100万元出卖。乙看后当即表示同意，但提出只能首付20万元，其余80万元向银行申请贷款。甲、乙在原合同文本上将房屋相关信息、价款和付款方式作了修改，其余条款未修改。

乙支付首付20万元后，恰逢国家出台房地产贷款调控政策，乙不再具备贷款资格。故乙表示仍然要买01号房，要求甲按原合同履行。甲表示01号房无法交付，并表示第二份合同已经生效，如乙不履行将要承担违约责任。乙认为甲违约在先。3月中旬，乙诉请法院确认甲丙之间的房屋买卖合同无效，甲应履行2月5日双方签订的合同，交付01号房，并承担迟延交付的违约责任。甲则要求乙继续履行购买02号房的义务。

【问题】

1. 01 号房屋的物权归属应当如何确定？为什么？

答：丙。

《民法典》第二百零九条第一款规定："不动产物权的设立、变更、转让和消灭，经依法登记，发生效力；未经登记，不发生效力，但是法律另有规定的除外。"

本案中，甲、乙之间以及甲、丙之间的房屋买卖合同均有效，甲订立两个房屋买卖合同时均享有处分权，但甲给丙办理了房屋的过户登记。所以，房屋的所有权归丙。

因此，01 号房屋的物权应当归属丙。

2. 甲、丙之间的房屋买卖合同效力如何？考察甲、丙之间合同效力时应当考虑本案中的哪些因素？

答：有效；无效的因素，主要是恶意串通。

《民法典》第一百五十四条规定："行为人与相对人恶意串通，损害他人合法权益的民事法律行为无效。"

本案中，甲将01 号房分别出卖给乙和丙，属于房屋的多重买卖，两个房屋买卖合同均无效力瑕疵，因此，甲、乙之间以及甲、丙之间的房屋买卖合同均属有效。

成立"恶意串通"，须符合三个条件：第一，具有损害的恶意。第二，须有串通。第三，合同的成立及其履行客观上损害了第三人的合法权益。丙虽知道甲已经将01 号房出卖给乙，但因欠缺意思主义的恶意，甲、丙尚不成立恶意串通。

因此，甲、丙之间的房屋买卖合同不存在无效事由，系有效的买卖合同。

3. 2 月 12 日，甲、乙之间对原合同修改的行为的效力应当如何认定？为什么？

答：双方变更合同，双方受变更后的合同的约束。

《民法典》第五百四十三条规定："当事人协商一致，可以变更合同。"

本案中，01 号房买卖合同的当事人甲、乙经协商一致，可以变更买卖合同的内容，将01 号房的买卖合同变更为02 号房的买卖合同，变更后受02 号房的买卖合同的约束。

因此，2 月 12 日，甲、乙之间对原合同修改的行为是双方变更合同。

4. 乙的诉讼请求是否应当得到支持？为什么？

答：甲、丙之间合同有效、由甲交付01 号房的请求不能得到支持。但是，乙可以请求甲承担违约责任，乙同意变更合同不等于放弃追索甲在01 号房屋买卖合同项下的违约责任。

根据题意，乙总共对甲提出了三项诉讼请求：

（1）请求确认甲、丙关于01 号房的买卖合同无效。如前所述，甲、丙关于01 号房的买卖合同有效。因此，乙的此项诉讼请求不能得到法院支持。

（2）请求甲交付01 号房。因甲、乙已经协议变更合同，甲、乙之间的买卖合同内容已经变更为02 号房的买卖合同。因此，乙的此项诉讼请求也不能得到支持。

（3）请求甲承担迟延交付01 号房的违约责任。因甲一房数卖致使甲不能按照约定时间向乙交付01 号房，甲对乙构成迟延履行，乙有权请求甲承担违约责任。甲、乙虽协议变更合同，但并未就甲迟延交付01 号房的违约责任作出约定。因此，虽已经变更房屋买卖合同，乙仍有权请求甲承担迟延交付01 号房的违约责任。

5. 针对甲要求乙履行购买02 号房的义务，乙可主张什么权利？为什么？

答：乙可请求解除合同，甲应将收受的购房款本金及其利息返还给乙。

《民法典》第五百三十三条规定："合同成立后，合同的基础条件发生了当事人在订立合同时无法预见的、不属于商业风险的重大变化，继续履行合同对于当事人一方明显不公平的，受不利影响的当事人可以与对方重新协商；在合理期限内协商不成的，当事人可以请求人民法院或者仲裁机构变更或者解除合同。人民法院或者仲裁机构应当结合案件的实际情况，根据公平原则变更或者解除合同。"

本案中，甲、乙关于 02 号房的买卖合同成立后，因清偿之前，由于乙不能预见，且不能归责于甲、乙的原因（政策调整），乙无法通过贷款支付购房款，致使乙订立 02 号房买卖合同的目的不能实现。符合情势变更的构成要件。针对甲要求乙履行购买 02 号房的义务，若双方就此问题的解决，不能在合理期限内达成协议，受有不利益的一方乙有权起诉到法院，请求法院判决变更或者解除 02 号房买卖合同。

因此，乙可请求解除合同。

一、解除的一般规则

（一）因不可抗力致使不能实现合同目的，当事人可以解除合同。

（二）在履行期限届满前，当事人一方明确表示或者以自己的行为表明不履行主要债务，对方可以解除合同。

（三）当事人一方迟延履行主要债务，经催告后在合理期限内仍未履行，对方可以解除合同。

（四）当事人一方迟延履行债务或者有其他违约行为致使不能实现合同目的，对方可以解除合同。

二、特殊解除权

（一）解约定金中的解除权

对定金合同而言，付定人想摆脱本合同的束缚行使解除权，受定人没收定金，受定人想摆脱本合同的束缚行使解除权，受定人加倍返还。

（二）不安抗辩权

当事人依据不安抗辩权中止履行的，对方未能及时恢复履行能力，亦未提供担保的，可以解除合同。

（三）买卖合同中瑕疵担保

1. 权利瑕疵担保

准用给付不能的相关规定——出卖人承担损害赔偿责任，并得解除合同。

2. 物的瑕疵担保的法律效果

减少价金或解约或者损害赔偿（不解约）。

物有瑕疵时，出卖人应负担保责任，买受人有权解除其合同或请求减少其价金。但是如果解除合同导致显失公平时，买受人只享有减少价金请求权。

（四）分期付款，给钱太少（不到1/5）

分期付款的买受人未支付到期价款的数额达到全部价款的1/5，经催告后在合理期限内仍未支付到期价款的，出卖人可以请求买受人支付全部价款或者解除合同。

出卖人解除合同的，可以向买受人请求支付该标的物的使用费。

（五）定作人任意解除权

定作人可以随时解除合同，但是承担损害赔偿责任。

定作人在承揽人完成工作前可以随时解除合同，造成承揽人损失的，应当赔偿损失。

（六）委托合同解除权

委托人或者受托人可以随时解除委托合同。因解除合同造成对方损失的，除不可归责于该当事人的事由外，无偿委托合同的解除方应当赔偿因解除时间不当造成的直接损失，有偿委托合同的解除方应当赔偿对方的直接损失和合同履行后可以获得的利益。

必背点 4　瑕疵担保

瑕疵担保样态

【试题精选】

甲现年 17 岁、外出打工，未经其法定代理人同意，即与乙建设公司签订买卖合同，购买时价 500 万元之 A 套房，并办理移转登记，乙交屋并理移转登记于甲，甲居住期间，超过 1 年，发现该 A 套房是劣质的海沙屋。

【问】甲可以向乙主张何权利?

【答】甲可以向乙主张撤销权、违约责任或者物的瑕疵担保责任。

（1）甲 17 岁时，以自己的劳动收入为主要生活来源，属于完全行为能力人，甲乙之间订立的合同属于有效的。乙公司订立的买卖合同因为构成欺诈，属于可撤销的行为，1 年后发现该行为，当事人自知道或者应当知道撤销事由之日起 1 年，仍然可以行使撤销权。合同撤销后，有权要求返还价款。

（2）甲可以向乙主张违约责任并且有权主张解除合同。

甲乙之间的合同有效，乙公司交付的海沙屋，构成不完全给付，且无法补正，甲得向乙请求解除合同和违约损害赔偿责任。

（3）甲可以向乙主张物的瑕疵担保责任

乙交屋并办理移转登记于甲，发现该屋为海砂屋，客观上该屋价值减少，也减少通常效用，该屋有物上的瑕疵。故甲向乙请求解除合同或主张损害赔偿。

瑕疵担保的类型	法律效果
权利瑕疵担保责任 1. 权利为他人所有 如权利自始就属于他人所有，权利人自然得向买受人为主张，对于买受人而言，其所购得的财产权即有瑕疵存在。 2. 权利上有他项物权负担 物权的对世效力，当买卖标的的权利上有其他物权的情形（用益物权或者担保物权），买受人所取得的权利即受有限制。 3. 权利上有他项债权负担 债权虽然不如物权有对世效力，如债权会影响到买受人的权利时，即可能属于此处的瑕疵。	参照根本违约，可以解除合同并承担损害赔偿责任。
物的瑕疵担保责任 物欠缺依通常交易观念或当事人的决定，物欠缺应具备的价值、效用或品质，所应负的法定无过失责任。	（1）减少价款请求权 （2）解除合同（合同目的不能实现） （3）损害赔偿

※背点5　买卖中的风险问题

【试题演练】

2016年2月10日，甲因资金需求，瞒着乙将M房屋出卖给了庚，并告知庚其已与乙订立房屋买卖合同一事。2016年3月10日，庚支付了全部房款并办理完变更登记，但因庚自3月12日出国访学，为期4个月，双方约定庚回国后交付房屋。

2016年3月15日，甲未经庚同意将M房屋出租给知悉其卖房给庚一事的辛，租期2个月，月租金5000元。2016年5月16日，甲从辛处收回房屋的当日，因雷电引发火灾，房屋严重毁损。根据甲卖房前与某保险公司订立的保险合同（甲为被保险人），某保险公司应支付房屋火灾保险金5万元。2016年7月13日，庚回国，甲将房屋交付给了庚。

2017年1月16日，甲未能按期偿还对乙的100万元借款，S企业也未能按期偿还对丙的200万元借款，现乙和丙均向甲催要。

【问题】

1. 甲、庚的房屋买卖合同是否有效？庚是否已取得房屋所有权？为什么？

答：甲与庚的买卖合同有效，庚已经取得该房屋的所有权。本案中，甲、庚之间的房屋买卖合同"不因多重买卖而具有效力瑕疵"，甲、庚之间的房屋买卖合同无其他效力瑕疵，该房屋买卖合同已经成立并生效；甲拥有出卖给庚的处分权，已经为庚办理完毕房屋的过户登记符合基于法律行为的不动产物权变动规则，庚已经取得M房屋的所有权。

因此，甲与庚的买卖合同有效，庚已经取得该房屋的所有权。

2. 谁有权收取M房屋2个月的租金？为什么？

答：由甲收取M房屋2个月的租金。根据《民法典》第六百三十条规定，标的物在交付之前产生的孳息，归出卖人所有；交付之后产生的孳息，归买受人所有。但是，当事人另有约定的除外。甲与庚签订房屋买卖合同，但尚未向庚交付该房屋。因此，该房屋产生的法定孳息租金应当归属于出卖人甲。

3. 谁应承担M房屋火灾损失？为什么？

答：损失由甲承担。根据《民法典》第六百零四条规定，标的物毁损、灭失的风险，在标的物交付之前由出卖人承担，交付之后由买受人承担，但是法律另有规定或者当事人另有约定的除外。本案中，甲与庚签订房屋买卖合同，但尚未向庚交付该房屋。因此，该房屋因火灾而导致的风险由甲承担。

4. 谁有权享有M房屋火灾损失的保险金请求权？为什么？

答：庚享有保险金请求权。《保险法》第四十九条第一款规定："保险标的转让的，保险标的的受让人承继被保险人的权利和义务。"本案中，甲以M房屋为保险标的投保财产保险，成立财产保险合同后，因甲已将M房屋（保险标的）的所有权移转给庚，庚承继甲基于财产保险合同享有的权利与负担的义务，保险事故发生时，庚享有M房屋火灾损失的保险金请求权。

风险分成价金风险和给付风险

1. 给付风险——买受人负担，买受人不能获得标的物。

【给付风险】给付标的物的债权人（买受人）能否请求债务人另行给付，风险负担人无论如何均有义务完成该给付行为。

最为典型的是种类之债。在种类之债时，风险不产生，因此不发生给付不能的情形。

但是种类之债特定化后，因为不可归责于当事人的事由，如果此时买受人不能请求出卖人给付，因此风险由买受人承担，发生风险是买受人不能请求出卖人给付标的物，同时负有给付价款的义务。

2. 价金风险——出卖人负担，出卖人不能请求买受人给付价款。

原则上不可归责于双方当事人的事由导致给付不能，价款风险由出卖人承担——不能请求获得价款，但是一旦交付后，此时风险由买受人承担，买受人负有给付价款的义务。

出卖人交付之前——出卖人承担价金风险——丧失价金请求权。

买受人交付之后——买受人承担价金风险——支出价款。

【注意】价金风险发生转移，但是给付风险始终都在买受人一方，换而言之买受人承担丧失标的物的风险。法律另有规定或当事人另有约定的除外。

法定特定情形	转移日	主体	后果
1. 买受人违约未按期受领	违约之日	买受人	出卖人无给付义务，买受人仍要负担付款
2. 出卖人出卖交由承运人运输的在途货物的	合同成立日		
3. 当事人没有约定交付地点或者约定不明确，标的物需要运输的	货交第一承运人		
4. 出卖人按约定或在标的物不需要运输的情况下将标的物置于交付地点，买受人违反约定未收取的	违反约定之日起（相当于交付）		
5. 标的物质量不符合要求，致不能实现合同目的	买受人拒绝受领（未交付）或者解除合同	出卖人不发生风险转移	出卖人丧失价款所有权，买受人不支付价款

风险转移和交付的关系

交付主要分成三种，现实交付及简易交付，可使买受人取得现实管领该物之力，应无疑问，但是学说上认为，在占有改定及指示交付下不认为风险发生转移。

【案例分析】甲将房屋出卖给乙，分别发生以下（1）（2）（3）（4）种情形：

（1）买卖合同成立前，A屋因地震而毁损。	自始客观给付不能	合同无效
（2）买卖合同成立后，A屋未交付和变更登记，因地震毁损灭失。	不可归责于双方当事人的事由导致给付不能	导致双方直接免除给付义务出卖人免除给付房屋的义务
（3）买卖合同成立后，A屋已转移登记但未交付，因地震毁损灭失。	不可归责于双方当事人的事由而给付不能	买受人免除给付价款的义务，已经给付价款的构成不当得利
（4）买卖合同成立后，A房屋已经交付但尚未登记，因地震毁损灭失。	不可归责于双方当事人的事由而给付不能	风险由出卖人转移给买受人，买受人要支付价金。

专题八　侵　权

※背点1　侵权的客体不能是债权和营业上的损失

【案例演习】

甲工人于挖掘马路时，不慎挖断乙电力公司的电缆线，电缆线断裂后，导致丙电子公司停电1天，工厂无法运作，损失1亿元，乙电力公司及丙电子公司可否向甲请求损害赔偿？

答：不承担责任。

丙电子公司因停电，工厂无法运作，发生营业损失，并不是"权利"受侵害，而是"纯粹经济上损失"，属于法律上的"利益"受侵害。由于这类利益损失，可能十分巨大，不是一般加害人可以预见，也不是一般加害人有能力赔偿，为限制这类侵权责任的成立，必须甲是出于故意，才需要负损害赔偿责任。本案除非是甲工人故意挖断电缆线，而且他的目的在于使丙电子公司停工发生损失，否则不需要对丙公司负侵权责任。

【案例演习】

甲为乙餐厅的著名厨师，某日在路上被丙骑机车撞伤，住院1个月，支出医药费10万元，乙餐厅因甲无法上班，顾客减少，造成营业损失10万元。甲及乙可否向丙请求损害赔偿？

答：甲被丙骑机车撞伤，是属于身体权受侵害，可以请求丙赔偿支出的医药费。

乙餐厅因甲无法上班，造成营业损失，属于"纯粹经济上损失"，一般加害人并无法预见，甲是乙餐厅的著名厨师，因此除非丙是出于故意，且背于善良风俗的方法，损害他人，才要依民法的规定，对乙负损害赔偿责任。

※背点2　归责原则

一、过错推定责任

适用范围	（1）无民事行为能力人在教育机构遭受人身损害的，推定教育机构具有过错。
	（2）患者在诊疗活动中受到损害，有下列情形之一的，推定医疗机构具有过错： ①违反法律、行政法规、规章以及其他有关诊疗规范的规定。 ②隐匿或者拒绝提供与纠纷有关的病历资料。 ③伪造、篡改或者违法销毁病历资料。
	（3）动物园饲养的动物致人损害的，推定动物园具有过错。

（4）建筑物、构筑物或者其他设施及其搁置物、悬挂物发生脱落、坠落致人损害的，推定其所有人、管理人或者使用人具有过错（注意：建筑物倒塌适用无过错责任）
（5）堆放的物品倒塌致人损害的，推定堆放人具有过错
（6）林木折断致人损害的，推定林木的所有人或者管理人具有过错
（7）地下施工（包括窨井）致人损害的，推定施工人具有过错
（8）非法占有高度危险物中所有人、管理人的过错推定责任

二、无过错责任

适用范围	监护人责任	无民事行为能力人、限制民事行为能力人致人损害的，监护人承担无过错责任
	动物饲养人责任	饲养的动物致人损害的，动物饲养人或者管理人承担无过错责任
	机动车的责任	机动车与行人、非机动车驾驶人之间发生道路交通事故的，机动车一方承担无过错责任
	污染者责任	因环境污染致人损害的，污染者承担无过错责任
	高度危险责任	高度危险责任中，从事高度危险作业者，高度危险物品的经营者、占有人承担无过错责任
	产品责任	因产品存在缺陷造成他人损害的，生产者、销售者承担无过错责任
	建筑物责任	建筑物倒塌致人损害的，建设单位与施工单位承担无过错责任
	妨碍通行责任	因在道路上堆放、倾倒、遗撒物品等妨碍通行的行为，导致交通事故造成损害，行为人承担无过错责任
	单位责任	用人单位的工作人员因执行工作任务致人损害的，用人单位承担无过错责任
	接受劳务的一方责任	提供个人劳务一方因劳务致人损害的，接受劳务一方承担无过错责任

三、公平责任

公平分担损失的适用范围	（1）因防止、制止他人民事权益被侵害而使自己受到损害的，由侵权人承担责任。侵权人逃逸或者无力承担责任，被侵权人请求补偿的，受益人应当给予适当补偿
	（2）自然原因引发的紧急避险：紧急避险人不承担责任或者给予适当补偿
	（3）完全民事行为能力人对自己的行为暂时没有意识或者失去控制造成他人损害有过错的，应当承担侵权责任；没有过错的，根据行为人的经济状况对受害人适当补偿
	（4）从建筑物中抛掷物品或者从建筑物上坠落的物品造成他人损害，难以确定具体侵权人的，除能够证明自己不是侵权人的外，由可能加害的建筑物使用人给予补偿

※背点3　多数人侵权

共同侵害行为有主观意思联络	（1）共同侵权——连带责任 各行为人都满足侵权行为的构成要件，加害人之间有意思联络。	
	（2）教唆、帮助完全行为能力人侵权——连带责任	
	（3）教唆帮助欠缺行为能力人侵权的，由教唆、帮助人承担侵权责任，该无民事行为能力人、限制民事行为能力人的监护人未尽到监护责任的，应当承担相应的责任。	
无意思联络侵权行为没有主观的意思联络	共同危险行为	连带责任
		数行为一损害，不知何人所为。 （1）不以主观上彼此知悉为必要； （2）不以从事集体行为为必要； （3）须有一定空间和时间上的关联。
		【免责事由】仅指在侵权共同危险行为中的免责事由 能够确定具体侵权人的，由侵权人承担责任，其他人免责。
	连带责任	二人以上分别实施侵权行为造成同一损害，每个人的侵权行为都足以造成全部损害的，行为人承担连带责任。
	按份责任	二人以上分别实施侵权行为造成同一损害，能够确定责任大小的，各自承担相应的责任；难以确定责任大小的，平均承担责任。
	【考查要点】单独足以造成：连带责任；单独不足以造成：按份责任。	

※背点4　侵权损害赔偿责任的承担

一、与有过失——减轻责任的事由

要件	（1）受害人的不当行为——受害人有【注意义务】，有义务去预防自己权益不受损害而不去预防； （2）不当行为是损害发生或扩大的共同原因； （3）减轻损害赔偿数额。
特殊体质与有过失	【案例1】甲殴打乙，乙本身患有肝硬化等症状，但是甲不知情，甲殴打乙时导致死亡时。乙不构成与有过失。 【案例2】甲患有血友病，甲搭乘汽车出行，因为乙超速行驶导致甲乘坐的汽车受伤，因为血友病导致伤害加重。甲是与有过失。

二、损益相抵

基于同一原因事实受有损害并受有利益，其请求的赔偿金额，应扣除所受的利益。

三、自甘风险

受害人明知或可得而知运动可能带来损害的风险，仍自愿参与该运动，产生损害时放弃损害赔偿的请求权的制度。但若已超过一般运动的行为，在**加害人故意或者重大过失**时，则加害人应承担损害赔偿责任。

※背点5　劳务类型的侵权

一、提供劳务时的侵权类型

1. 雇员执行职务致人损害时的雇主责任

（1）外部责任

用人单位的工作人员因执行工作任务造成他人损害的，由用人单位承担侵权责任。

> **【怎么判断执行职务】背诵**
> ①存在雇佣关系或者存在事实上的雇佣关系。
> ②执行职务指包括履行本单位的工作任务或者分配的工作任务，还包括有执行职务的外观。

（2）内部追偿

用人单位承担侵权责任后，可以向有故意或者重大过失的工作人员追偿。

2. 劳务派遣

劳务派遣期间：由接受劳务方承担侵权责任。派遣方有过错的，承担相应的责任（而非补充责任）。

3. 法定代表人的责任

（1）法定代表人以法人名义从事的民事活动，其法律后果由法人承受；

（2）法人章程或者法人权力机构对法定代表人代表权的限制，不得对抗善意相对人；

（3）法定代表人因执行职务造成他人损害的，由法人承担民事责任；

（4）法人承担民事责任后，依照法律或者法人章程的规定，可以向有过错的法定代表人追偿。

4. 设立中法人的责任

（1）设立人以设立中的法人名义从事民事活动，设立成功，法人承担；设立未成功，设立人承担（如有多个设立人，则连带）。

（2）设立人以自己名义从事民事活动，第三人有选择权，可以选择由法人承担或者设立人承担。

5. 个人劳务损害责任

（1）对外损害

个人之间形成劳务关系，提供劳务一方因劳务造成他人损害的，由接受劳务一方承担侵权责任。

接受劳务一方承担侵权责任后，可以向有故意或者重大过失的提供劳务一方追偿。提供劳务一方因劳务受到损害的，根据双方各自的过错承担相应的责任。

（2）对内损害

提供劳务期间，因第三人的行为造成提供劳务一方损害的，提供劳务一方有权请求第三人承担侵权责任，也有权请求接受劳务一方给予补偿。

接受劳务一方补偿后，可以向第三人追偿。

二、定作人责任——不具有监督管理关系

原则上承揽人承担损害赔偿责任。

定作人对指示、选任**没有过失**的，**不承担赔偿责任**。

定作人对指示、选任**有过失**的，**承担与其过失相应的赔偿责任**。

※背点6 危险责任类型的侵权

一、饲养动物致人损害责任——危险活动

主体	动物的直接占有人（管理人）	
动物	家庭饲养的动物，不包括细菌、病毒	
构成	动物自发的行为	
归责原则	过错推定责任	动物园动物致害，尽到监管职责不承担责任（自证责任）
	一般的动物侵权案件	无过错责任	被侵权人故意或者重大过失造成的，可以不承担或者减轻责任。
	违反管理规定饲养动物	违反管理规定，未对动物采取安全措施造成他人损害的，动物饲养人或者管理人应当承担侵权责任。	能够证明损害是因被侵权人故意造成的，可以减轻责任。
	禁止饲养的危险动物损害责任	禁止饲养的烈性犬等危险动物造成他人损害的，动物饲养人或者管理人应当承担侵权责任。	
第三人过错	不真正连带责任	
因第三人的过错致使动物造成他人损害的，被侵权人可以向动物饲养人或者管理人请求赔偿，也可以向第三人请求赔偿。动物饲养人或者管理人赔偿后，有权向第三人追偿。		
遗弃、逃逸动物侵权	动物的遗弃不免责。	
	遗弃、逃逸的动物在遗弃、逃逸期间造成他人损害的，由原动物饲养人或者管理人承担侵权责任。	

二、监护人责任——养孩子系危险活动

项目	内容
无过错责任	无民事行为能力人、限制民事行为能力人造成他人损害的，监护人承担无过错责任。
	减责事由——监护人尽到监护责任的，可以减轻其侵权责任。
具体赔偿方式	如果无民事行为能力人、限制民事行为能力人有财产先负担，不足时监护人赔偿。
	如果无民事行为能力人、限制民事行为能力人无财产，监护人赔偿。

三、机动车交通事故责任——驾车行为属于危险活动

1. 一般规定

归责原则	机动车之间发生交通事故的，适用过错责任。
	机动车与非机动车驾驶人、行人之间发生交通事故的，机动车一方承担无过错责任。
过失相抵	保险公司：机动车第三者责任强制保险责任限额范围内赔偿。 超过责任限额部分 ①机动车一方全责：机动车一方承担全部赔偿额。 ②机动车与非机动车驾驶人、行人均有过错的，机动车一方承担适当大于其责任比例的赔偿额。 ③行人、非机动车一方负全责的，机动车一方承担不超过10%的赔偿额。 ④行人、非机动车一方故意碰撞机动车，机动车一方免责。

2. 特殊规定下列情形发生交通事故

情形		保险公司责任	实际使用人
合法使用	出租，出借	保险公司交强险内承担责任。	使用人承担补足责任，所有人有过错的承担相应责任。
	转让交付未登记		
违法活动	盗窃、抢劫、抢夺的机动车	保险公司在交强险范围内，垫付抢救费用的，有权向责任人追偿。	由盗窃人、抢劫人或者抢夺人承担赔偿责任。
	转让拼装车、报废车	由转让人和受让人承担连带责任，不管转了几手，都要承担责任。	
	挂靠的，责任属于机动车一方的	挂靠人和被挂靠人承担连带责任。	

3. 好意同乘规则

非营运机动车发生交通事故造成无偿搭乘人损害，属于该机动车一方责任的，应当减轻其赔偿责任，但是机动车使用人有故意或者重大过失的除外。

※背点7 产品责任——缔造者责任

一、无过错责任原则适用的情形：

1. 生产者和销售者对消费者的直接责任——无过错责任原则

因产品而受到损害的被侵权人向该产品的生产者、销售者主张赔偿。

2. 生产者的最终责任——无过错责任

无过错的销售者向受害者承担直接责任后，有权向生产者追偿，由生产者承担最终责任，生产者的最终责任属于无过错责任。

如果受害者直接向生产者主张赔偿，这时适用的也是无过错责任。

销售者的最终责任属于过错责任，由于销售者的过错使产品存在缺陷，销售者应承担最终责任。于此情形，如果销售者承担了责任，则不得再向生产者追偿；如果生产者承担了直接责任，生产者则可通过证明缺陷是由于销售者过错所致，而向销售者追偿。

明知产品存在缺陷仍然生产、销售，或者没有依法采取有效补救措施，造成**他人死亡或者健康严重损害**的，被侵权人有权请求相应的**惩罚性赔偿**。

二、特殊产品——医疗产品销售者责任（不真正连带责任）

1. 因药品、消毒药剂、医疗器械的缺陷，或者输入不合格的血液造成患者损害的，患者可以向生产者或者血液提供机构请求赔偿，也可以向医疗机构请求赔偿。

2. 患者向医疗机构请求赔偿的，医疗机构赔偿后，有权向负有责任的生产者或者血液提供机构追偿。

三、特殊产品——建筑物、构筑物的生产者责任

建筑物构筑物倒塌（结构性毁坏）责任的承担：

1. 能够查明责任人的，责任人承担；

2. 不能查明责任人的，①建设单位与施工单位承担连带责任；②其他责任人查明的，有权追偿。

※背点8 服务者的责任——过错责任（一般）

营业场所	管理人或活动组织者对安保承担过错责任。 第三人导致的，第三人承担责任，活动组织者承担补充责任。 活动组织者有权对第三人追偿。
教育机构	（1）对【无人】人身损害承担过错推定责任。 对【限人】人身损害承担过错责任。 （2）第三人导致的损害，此时第三人承担责任，教育机构承担补充责任。 教育机构有权对第三人追偿。

医疗机构	尽到与当时的医疗水平相应的义务； 尽到医疗水平相应的义务但未治疗好，无责（委托）； 违反义务，承担过错责任。
	其中，书面告知义务：侵入性治疗（手术、特殊治疗）等要经过患者或近亲属书面同意，违反义务承担责任。 【例外】为救助生命垂危的患者，无法取得本人或近亲属的意见，机构负责人的批准即可（无因管理）。
	医疗机构违规治疗、隐匿或不提供病历材料或遗伪改毁病例，此时承担患者损害的过错推定责任。
网络环境服务	用户利用网络服务平台侵权的： 平台——删除、屏蔽、断开链接等义务； 接到通知未采取相应的措施（扩大部分），承担连带责任。

※背点9 物件致损责任

一、高空坠物责任

1. 先查凶手——禁止从建筑物中抛掷物品。发生该情形的，公安等机关应当依法及时调查，查清责任人。

2. 凶手担责——从建筑物中抛掷物品或者从建筑物上坠落的物品造成他人损害的，由侵权人依法承担侵权责任。

3. 凶手找不到——经调查难以确定具体侵权人的，除能够证明自己不是侵权人的外，由可能加害的建筑物使用人给予补偿。可能加害的建筑物使用人补偿后，有权向侵权人追偿。

4. 不尽心的物业担责——物业服务企业等建筑物管理人应当采取必要的安全保障措施防止前款规定情形的发生；未采取必要的安全保障措施的，应当依法承担未履行安全保障义务的侵权责任。

二、脱落、坠落责任

脱落、坠落责任与前述高空坠物责任、共同危险责任的区别在于，脱落、坠落责任不存在任何的"不确定性"。

（1）建筑物、构筑物或者其他设施及其搁置物、悬挂物发生脱落、坠落造成他人损害的，所有人、管理人或者使用人承担过错推定责任。

（2）所有人、管理人或者使用人赔偿后，有其他责任人的，有权向其他责任人追偿。

三、其他物件致损责任

1. 堆放物倒塌致人损害：过错推定责任。

2. 因林木折断致人损害：过错推定责任。

3. 在公共场所或者道路上挖坑、修缮安装地下设施等致人损害：过错推定责任，即不能证明设置了明显标志、并采取了安全措施的，应当承担侵权责任。

4. 窨井等地下设施造成他人损害：过错推定责任（证明是否尽到管理职责的）。

专题九　合同担保的总结（应试版）

※ 背点 1　关于担保物

担保的相关知识点

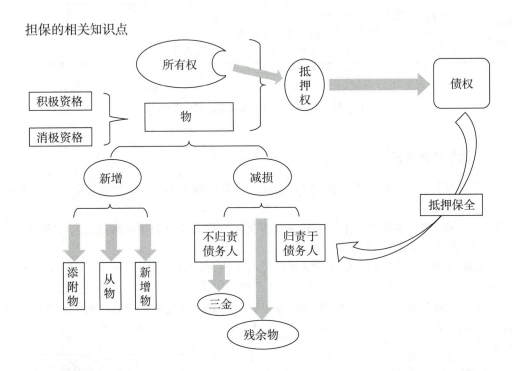

1. 抵押物的资格

（1）抵押物的积极资格

第三百九十五条（记忆口诀：三九五、**抵押物**）

债务人或者第三人有权处分的下列财产可以抵押：

（一）建筑物和其他土地附着物；

（二）建设用地使用权；

（三）**海域使用权**；

（四）生产设备、原材料、半成品、产品；

（五）正在建造的建筑物、船舶、航空器；

（六）交通运输工具；

（七）法律、行政法规未禁止抵押的其他财产。

抵押人可以将前款所列财产一并抵押。

第三百九十七条【房地一体】

以建筑物抵押的，该建筑物占用范围内的建设用地使用权一并抵押。以建设用地使用权抵押的，该土地上的建筑物一并抵押。

抵押人未依据前款规定一并抵押的，未抵押的财产视为一并抵押。

（2）抵押物的消极资格

第三百九十八条　乡镇、村企业的建设用地使用权**不得单独抵押**。以乡镇、村企业的厂房等建筑物抵押的，其占用范围内的建设用地使用权**一并抵押**。

第三百九十九条　下列财产不得抵押：

（一）土地所有权；

（二）宅基地、自留地、自留山等集体所有土地的使用权，但是法律规定可以抵押的除外；

（三）学校、幼儿园、医疗机构等为公益目的成立的非营利法人的教育设施、医疗卫生设施和其他公益设施；

《民法典担保制度司法解释》第六条

以公益为目的的非营利性学校、幼儿园、医疗机构、养老机构等提供担保的，人民法院应当认定担保合同无效，但是有下列情形之一的除外：

（一）在购入或者以融资租赁方式承租教育设施、医疗卫生设施、养老服务设施和其他公益设施时，出卖人、出租人为担保价款或者租金实现而在该公益设施上保留所有权；

（二）以教育设施、医疗卫生设施、养老服务设施和其他公益设施以外的不动产、动产或者财产权利设立担保物权。

登记为营利法人的学校、幼儿园、医疗机构、养老机构等提供担保，当事人以其不具有担保资格为由主张担保合同无效的，人民法院不予支持。

【必背话术】

①公益为目的非营利法人，提供担保的，其担保合同无效。【一般情况】

②公益为目的非营利法人，原则不能提供担保，但以融资租赁或保有所有权设立的担保，担保有效。

③公益为目的非营利法人，但是营利法人可以提供担保，担保合同有效。

（四）所有权、使用权不明或者有争议的财产；

《民法典担保制度司法解释》

第三十七条第一款

当事人以所有权、使用权不明或者有争议的财产抵押，经审查构成无权处分的，人民法院应当依照**民法典第三百一十一条**（【注】**善意取得**）的规定处理。

【必背话术】

①用权属有争议的财产设定的抵押合同有效。

②有权处分或者无权处分的且满足善意取得时，抵押权人享有担保物权。

③构成无权处分的，不满足善意取得时，抵押权人不能取得抵押权。

（五）依法被查封、扣押、监管的财产；

> **《民法典担保制度司法解释》**
> 第三十七条第二款
> 　　当事人以依法被查封或者扣押的财产抵押，抵押权人请求行使抵押权，经审查查封或者扣押措施已经解除的，人民法院应予支持。抵押人以抵押权设立时财产被查封或者扣押为由主张抵押合同无效的，人民法院不予支持。
> 　　以依法被监管的财产抵押的，适用前款规定。

【必背话术】

①用被查封或扣押的财产设定抵押，抵押合同有效。

②行使抵押权时，抵押物的查封或扣押措施已经解除的，享有抵押权。

③行使抵押权时，经审查查封或者扣押措施未解除的，不能行使抵押权，但是可以对抵押人主张违约责任。

（六）法律、行政法规规定不得抵押的其他财产。

> **《民法典担保制度司法解释》第四十九条**
> 　　以违法的建筑物抵押的，抵押合同无效，但是一审法庭辩论终结前已经办理合法手续的除外。抵押合同无效的法律后果，依照本解释第十七条的有关规定处理。
> 　　当事人以建设用地使用权依法设立抵押，抵押人以土地上存在违法的建筑物为由主张抵押合同无效的，人民法院不予支持。

【必背话术】

①用违章建筑设定的抵押合同无效。

②用房和地同时设立抵押权的，房屋属于违法建筑时，违章建筑的抵押合同无效，地皮（建设用地使用权）的抵押权合同有效。

　　2. 抵押物的新增——添附物、从物、新增建筑（地皮）和孳息

【注】设立抵押后，对于新增物品，原则上可以一并拍卖但不优先受偿。

（1）添附物

> **《民法典担保制度司法解释》第四十一条**
> 　　抵押权依法设立后，抵押财产被添附，添附物归第三人所有，抵押权人主张抵押权效力及于补偿金的，人民法院应予支持。
> 　　抵押权依法设立后，抵押财产被添附，抵押人对添附物享有所有权，抵押权人主张抵押权的效力及于添附物的，人民法院应予支持，**但是添附导致抵押财产价值增加的，抵押权的效力不及于增加的价值部分**【注：一并拍卖但不一并受偿】。
> 　　抵押权依法设立后，抵押人与第三人因添附成为添附物的共有人，抵押权人主张抵押权的效力及于抵押人对共有物享有的份额的，人民法院应予支持。
> 　　本条所称添附，包括附合、混合与加工。

添附的构成		添附的效果	与担保的关系
附合	不动产 + 动产	归属于不动产所有人。	动产上担保物权（包括质押权、留置权）消灭，根据担保代位性，自动移存于价款或"偿还请求权"上。 不动产的抵押权仍然存在所有物上，但是增值部分不属于优先受偿的范围。
混合	动产 + 动产	附合或混合前，有主次之分的，归主物所有人所有，从物所有人有权主张不当得利。	主物原来有担保物权的，变成的附合物（混合物）继续存在，次物上的担保物权直接消灭，移存到价金（赔偿请求权）上。
	动产 + 动产	无主次之分的，对合成物按份共有。	原来的物有担保物权的，此时存在在附合物（混合物）的应有份额上。
加工	劳动力 + 动产	动产归属加工人。	动产的担保物权消灭，移存在价金（请求权）上。
		动产归属原主体。	动产上的担保物权继续存在。

（2）抵押权和主物、从物的关系

> **《民法典担保制度司法解释》第四十条**
> 从物产生于抵押权依法设立前，抵押权人主张抵押权的效力及于从物的，人民法院应予支持，但是当事人另有约定的除外。
> 从物产生于抵押权依法设立后，抵押权人主张抵押权的效力及于从物的，人民法院不予支持，但是在抵押权实现时可以一并处分。

从物是独立于主物之外，常助主物的效用，同属于一人的物，属于从物。

项目		内容	
从物	先有从物后设抵押	主物从物一并处分	主物从物一并受偿
	先有抵押后有从物	主物从物一并处分	主物拍卖后优先受偿 从物拍卖后不能优先受偿

（3）地皮抵押后，新增加建筑物

第四百一十七条【抵押权对新增建筑物的效力】建设用地使用权抵押后，该土地上新增的建筑物不属于抵押财产。该建设用地使用权实现抵押权时，应当将该土地上新增的建筑物与建设用地使用权一并处分。但是，新增建筑物所得的价款，抵押权人无权优先受偿。

【关联法条】

> **《民法典担保制度司法解释》第五十一条**
> 当事人仅以建设用地使用权抵押，债权人主张抵押权的效力及于土地上已有的建筑物以及正在建造的建筑物已完成部分的，人民法院应予支持。债权人主张抵押权的效力及于正在建造的建筑物的**续建部分以及新增建筑物**的，人民法院不予支持。

> 当事人以正在建造的建筑物抵押，抵押权的效力范围限于已办理抵押登记的部分。当事人按照担保合同的约定，主张抵押权的效力及于**续建部分、新增建筑物以及规划中尚未建造的建筑物**的，人民法院不予支持。
>
> 抵押人将建设用地使用权、土地上的建筑物或者正在建造的建筑物分别抵押给不同债权人的，人民法院应当根据**抵押登记的时间先后确定**清偿顺序。

(4）孳息

第四百一十二条　债务人不履行到期债务或者发生当事人约定的实现抵押权的情形，致使抵押财产被人民法院依法扣押的，自扣押之日起，抵押权人有权收取该抵押财产的天然孳息或者法定孳息，但是抵押权人未通知应当清偿法定孳息义务人的除外。

前款规定的孳息应当先充抵收取孳息的费用。

天然孳息	自扣押之日起抵押权人有权收取该抵押财产的天然孳息。
法定孳息	自扣押之日起抵押权人有权收取该抵押财产的法定孳息；但是应该通知孳息支付人交付孳息，否则不能对抗孳息义务人。
孳息收取权	扣押之日起始有收取权，收取权≠所有权。 收取的孳息用于清偿债务，优先清偿孳息的费用。

3. 抵押物的减损

标的物减损——三金

第三百九十条　担保期间，担保财产毁损、灭失或者被征收等，担保物权人可以就获得的保险金、赔偿金或者补偿金等优先受偿。被担保债权的履行期限未届满的，也可以提存该保险金、赔偿金或者补偿金等。

> **《民法典担保制度司法解释》第四十二条**
>
> 抵押权依法设立后，抵押财产毁损、灭失或者被征收等，抵押权人请求按照原抵押权的顺位就保险金、赔偿金或者补偿金等优先受偿的，人民法院应予支持。
>
> 给付义务人已经向抵押权人给付了保险金、赔偿金或者补偿金，抵押权人请求给付义务人向其给付保险金、赔偿金或者补偿金的，人民法院不予支持，但是给付义务人接到抵押权人要求向其给付的通知后仍然向抵押人给付的除外。
>
> 抵押权人请求给付义务人向其给付保险金、赔偿金或者补偿金的，人民法院可以通知抵押人作为第三人参加诉讼。

第一、抵押物变成三金，抵押人按照次序分配给债权人

抵押权人对"三金"主张担保物权，应该按照应得的份额内主张。如果抵押物上有多个抵押权人的，此时多个抵押权人按照原抵押权的顺位对"三金"主张担保物权。

第二、抵押物毁损灭失本质是转变成权利质押的过程

抵押权实现之前，"三金"归属于抵押人，抵押权人无权主张优先受偿，但是可以请求抵押人提存"三金"。

4. 抵押权保全请求权

第四百零八条**【抵押权人的保护】**抵押人的行为足以使抵押财产价值减少的，抵押权人有权请求抵押人停止其行为；抵押财产价值减少的，抵押权人有权请求恢复抵押财产的价值，或者提供与减少的价值相应的担保。抵押人不恢复抵押财产的价值，也不提供担保的，抵押权人有权请求债务人提前清偿债务。

> **《民法典担保制度司法解释》第四十六条**
>
> ⇨ 抵押人行为 ⎨ 抵押人积极的行为 ⎨ 正进行——停止行为 / 已损害——恢复或提供担保，否则债务提前到期 ; 抵押人消极的行为——积极的行为或者请求转让抵押人的权利，抵押权人代为行使
>
> 不动产抵押合同生效后未办理抵押登记手续，债权人请求抵押人办理抵押登记手续的，人民法院应予支持。
>
> 抵押财产因不可归责于抵押人自身的原因灭失或者被征收等导致不能办理抵押登记，债权人请求抵押人在约定的担保范围内承担责任的，人民法院不予支持；但是抵押人已经获得保险金、赔偿金或者补偿金等，债权人请求抵押人在其所获金额范围内承担赔偿责任的，人民法院依法予以支持。
>
> 因抵押人转让抵押财产或者其他可归责于抵押人自身的原因导致不能办理抵押登记，债权人请求抵押人在约定的担保范围内承担责任的，人民法院依法予以支持，但是不得超过抵押权能够设立时抵押人应当承担的责任范围。

（1）抵押物价值减少防止请求权

为保护抵押权人权利，抵押权人有"抵押物价值减少防止请求权"。

【注】根据共益性理论，因请求或处分所生的费用，由抵押人负担，受偿次序优先于各抵押权所担保的债权。

（2）抵押物恢复原状请求权、提出担保请求权

①可归责于抵押人事由

抵押权人可以设定相当期限请求抵押人**恢复抵押物的价值**，或提出与**减少价值相当的担保**。若抵押人不于期限内恢复抵押物的价值，也不提供担保的，抵押权人有权请求债务人提前清偿债务。

②不可归责于抵押人事由——物上代位性

> **《民法典担保制度司法解释》第四十六条第二款**
>
> 抵押财产因**不可归责于抵押人自身的原因**灭失或者被征收等导致不能办理抵押登记，债权人请求抵押人在约定的担保范围内承担责任的，人民法院不予支持；但是**抵押人已经获得保险金、赔偿金或者补偿金等**，债权人请求抵押人在其所获金额范围内承担赔偿责任的，人民法院依法予以支持。

【必背话术】

天灾、事变或者国家征收等导致抵押物丧失的，此时抵押权人仅可以在抵押人所受利益（保险金、征收金）的限度内，请求提出担保。

【试题演练】

甲向银行借款100万元，甲的好友乙将自己一套房屋做抵押，签订抵押合同后，办理了抵押登记。后来由于乙所在地发生地震房屋被地震震垮，房梁、砖块和其他房屋柱子毁损。

【注意1】抵押物毁损，有赔偿金提示的，会考查物上代位性。

【注意2】抵押物毁损，主合同的效力不受到影响。

【注意3】 不可归责于债务人的事由导致抵押物损害灭失的，不承担责任。

1. 银行能否有权要求甲另行提供担保？

答：不能。按照《民法典》第四百零八条的规定，债务人的行为，导致抵押物价值减少的，此时抵押权人有权请求抵押人恢复原状或者另行提供担保，本题中，标的物的损害非抵押人的行为造成的，因此抵押权人承担风险，不能要求债务人另行提供担保。

2. 若房屋未损毁灭失，甲乙约定，甲到期如果不能清偿债务，由乙承担20万元的责任，由于房屋价格上涨，银行行使抵押权过程中，拍卖得价款130万元，均用来满足自己实现债权之需要。此时，乙向甲可追偿多少？（5分）

乙可向甲追偿100万元。（1分）可要求银行返还其20万元。依据《民法典》第389条规定，乙的抵押担保范围原则上为主债权范围即100万元（1分）。依据《最高人民法院关于适用〈中华人民共和国民法典〉有关担保制度的解释》第3条第1款规定，担保人承担责任超过债务人应当承担的责任范围，担保人可在其承担责任范围内向债务人追偿（1分）；本案中乙应承担担保责任范围为100万元，其可向甲追偿100万元（1分）。依据《最高人民法院关于适用〈中华人民共和国民法典〉有关担保制度的解释》第3条第2款规定，担保人有权请求债权人返还超出其担保责任范围部分（1分）。本案中债权人银行无法律依据超额受偿债权20万元，构成不当得利，乙可主张银行返还20万元。

※背点2　担保合同效力及责任

1. 从属性对合同效力的影响

（1）成立上的从属性

担保物权以主债权的存在为前提，主债权不存在，担保物权无从成立。

①债务存在上的从属性

担保物权以主债权的存在为前提，主债权不存在，担保物权无从成立。

②合同效力上的从属性

担保合同随着主合同的成立而成立：

A. 主合同无效，担保合同一定无效——特约无效

> **民法典担保制度司法解释第二条**
> 当事人在担保合同中约定担保合同的效力独立于主合同，或者约定担保人对主合同无效的法律后果承担担保责任，该有关担保独立性的约定无效。主合同有效的，有关担保独立性的约定无效不影响担保合同的效力；主合同无效的，人民法院应当认定担保合同无效，但是法律另有规定的除外。

B. 主合同有效，担保合同可能无效

③担保范围上的从属性

担保债务的范围≤主债务的范围——特约无效

民法典担保制度司法解释第三条

当事人对担保责任的承担约定专门的违约责任，或者约定的担保责任范围超出债务人应当承担的责任范围，担保人主张仅在债务人应当承担的责任范围内承担责任的，人民法院应予支持。

担保人承担的责任超出债务人应当承担的责任范围，担保人向债务人追偿，债务人主张仅在其应当承担的责任范围内承担责任的，人民法院应予支持；担保人请求债权人返还超出部分的，人民法院依法予以支持。

（2）消灭上的从属性

主债务全部消灭，担保物权消灭。

主债务部分消灭，比如部分清偿，担保物权并不消灭，担保物权人仍然可以对担保财产的全部行使担保物权的。

民法典担保制度司法解释第十七条

主合同有效而第三人提供的担保合同无效，人民法院应当区分不同情形确定担保人的赔偿责任：

（一）债权人与担保人均有过错的，担保人承担的赔偿责任不应超过债务人不能清偿部分的二分之一；

（二）担保人有过错而债权人无过错的，担保人对债务人不能清偿的部分承担赔偿责任；

（三）债权人有过错而担保人无过错的，担保人不承担赔偿责任。

主合同无效导致第三人提供的担保合同无效，担保人无过错的，不承担赔偿责任；担保人有过错的，其承担的赔偿责任不应超过债务人不能清偿部分的三分之一。

主合同	担保合同	效力		
有效	无效	债权人（有过错）担保人（无过错）	担保人不承担责任。	担保人没有过错，没有责任。
		担保人（有过错）债权人（有过错）	担保人——二分之一责任 担保人承担的赔偿责任不应超过债务人不能清偿部分的二分之一。	担保人部分过错，部分责任。
		担保人（有过错）债权人（无过错）	担保人承担全部责任。 担保人就对债务人不能清偿的部分承担责任。	担保人全部过错，全部责任。
前者无效导致后者无效		担保人最多承担三分之一的责任。 当担保人有过错的，担保人承担民事责任的部分，不应超过债务人不能清偿部分的三分之一。		

【背诵话术】

①主合同无效，担保合同一定无效，当事人不能做出相反的约定，否则无效。

②担保债务的范围应该不超过主债务的范围，当事人不能做出与之相反的约定，否则约定

无效。

③担保债务的范围应该不超过主债务的范围，当事人不能做出与之相反的约定，否则该约定无效，担保人只能在原债务范围内承担责任，超出的部分，债权人不享有求偿权，债务人已经清偿的，债权人就超出部分构成不当得利。

④主合同有效，担保合同无效，担保人无过错，担保人不再承担担保责任。

⑤主合同有效，担保合同无效，担保人有过错，债权人也有部分过错，担保人承担的赔偿责任不应超过**债务人不能清偿部分**的二分之一。

⑥主合同有效，担保合同无效，担保人有过错，债权人无过错的，担保人承担的赔偿责任是**债务人不能清偿部分**的全部。

（3）移转上的从属性

【背诵话术】

债权转让，除非当事人另有约定或法律另有规定，担保物权一并转让。

2. 保证合同的效力

第六百八十三条　机关法人不得为保证人，但是经国务院批准为使用外国政府或者国际经济组织贷款进行转贷的除外。

以公益为目的的非营利法人、非法人组织不得为保证人。

> **民法典担保制度司法解释第五条**
>
> 机关法人提供担保的，人民法院应当认定担保合同无效，但是经国务院批准为使用外国政府或者国际经济组织贷款进行转贷的除外。
>
> 居民委员会、村民委员会提供担保的，人民法院应当认定担保合同无效，但是依法代行村集体经济组织职能的村民委员会，依照村民委员会组织法规定的讨论决定程序对外提供担保的除外。

3. 流抵和流质无效——不发生物权效力

第四百零一条【流抵】

抵押权人在债务履行期限届满前，与抵押人约定债务人不履行到期债务时抵押财产归债权人所有的，只能依法就抵押财产优先受偿。

第四百二十八条【流质】

质权人在债务履行期限届满前，与出质人约定债务人不履行到期债务时质押财产归债权人所有的，只能依法就质押财产优先受偿。

4. 不得设立抵押财产，有些是无效的

第三百九十九条　下列财产不得抵押：

（一）土地所有权；

（二）宅基地、自留地、自留山等集体所有土地的使用权，但是法律规定可以抵押的除外；

（三）学校、幼儿园、医疗机构等为公益目的成立的非营利法人的教育设施、医疗卫生设施和其他公益设施；

> **《民法典担保制度司法解释》第六条**
>
> 以公益为目的的非营利性学校、幼儿园、医疗机构、养老机构等提供担保的，人民法院应当认定担保合同无效，但是有下列情形之一的除外：
>
> （一）在购入或者以融资租赁方式承租教育设施、医疗卫生设施、养老服务设施和其他公益设施时，出卖人、出租人为担保价款或者租金实现而在该公益设施上保留所有权；

（二）以教育设施、医疗卫生设施、养老服务设施和其他公益设施以外的不动产、动产或者财产权利设立担保物权。

登记为营利法人的学校、幼儿园、医疗机构、养老机构等提供担保，当事人以其不具有担保资格为由主张担保合同无效的，人民法院不予支持。

【必背话术】

①公益为目的非营利法人，提供担保的，其担保合同无效。【一般情况】

②公益为目的非营利法人，原则不能提供担保，但以融资租赁或保有所有权设立的担保，担保有效。

③公益为目的非营利法人，但是营利法人可以提供担保，担保合同有效。

（四）所有权、使用权不明或者有争议的财产；

（五）依法被查封、扣押、监管的财产；

（六）法律、行政法规规定不得抵押的其他财产。

《民法典担保制度司法解释》第四十九条

以违法的建筑物抵押的，抵押合同无效，但是 审法庭辩论终结前已经办理合法手续的除外。抵押合同无效的法律后果，依照本解释第十七条的有关规定处理。

当事人以建设用地使用权依法设立抵押，抵押人以土地上存在违法的建筑物为由主张抵押合同无效的，人民法院不予支持。

【必背话术】

①用违章建筑设定的抵押合同无效。

②用房和地同时设立抵押权的，房屋属于违法建筑时，违章建筑的抵押合同无效，地皮（建设用地使用权）的抵押权合同有效。

5. 合同被解除，不影响担保责任

第五百六十六条

合同解除后，尚未履行的，终止履行；已经履行的，根据履行情况和合同性质，当事人可以请求恢复原状或者采取其他补救措施，并有权请求赔偿损失。

合同因违约解除的，解除权人可以请求违约方承担违约责任，但是当事人另有约定的除外。

主合同解除后，担保人对债务人应当承担的民事责任仍应当承担担保责任，但是担保合同另有约定的除外。

※背点 3 普通担保的类型

1. 抵押权

项目		内容
抵押合同	要式	书面合同（《民法典》第 400 条）
抵押登记		不动产 登记生效主义——有权处分 + 书面合同 + 登记 【相关法条】 "民法典担保解释"第五十二条 当事人办理抵押预告登记后，预告登记权利人请求就抵押财产优先受偿，经审查存在尚未办理建筑物所有权首次登记、预告登记的财产与办理建筑物所有权首次登记时的财产不一致、抵押预告登记已经失效等情形，导致不具备办理抵押登记条件的，人民法院不予支持；经审查已经办理建筑物所有权首次登记，且不存在预告登记失效等情形的，人民法院应予支持，并应当认定抵押权自预告登记之日起设立。 【话术】 抵押人进行首次所有权登记，且预告登记与首次登记财产一致，不存在预告登记失效情形的，抵押权自抵押预告登记之日设立
	动产	（1）抵押合同生效时设定抵押权 （2）未经登记不得对抗善意第三人 （3）原则上登记对抗任何第三人，【例外】不得对抗正常经营活动中支付合理价款取得抵押财产的买受人

2. 质押权

	债权形式主义——质押合同（要式合同）+ 交付		
物权变动	质押合同	书面	
	质物的交付	占有的利弊	（1）占有质物——保管义务 非因质权人过错而丧失占有的，质权人可以对不当占有人请求停止侵害、恢复原状或返还原物 （2）孳息收取 如无相反约定，质权人有权收取质物孳息
		占有类型	（1）只能是现实交付、简易交付、指示交付，不能适用占有改定 （2）质权人是直接占有人或间接占有人 （3）质权人丧失占有的，此时质押权消灭，理论上认为占有恢复的除外

3. 留置权

第四百四十八条　债权人留置的动产，应当与债权属于同一法律关系，但是企业之间留置的除外。

第四百四十九条　法律规定或者当事人约定不得留置的动产，不得留置。

第四百五十条 留置财产为可分物的，留置财产的价值应当相当于债务的金额。

第四百五十一条 留置权人负有妥善保管留置财产的义务；因保管不善致使留置财产毁损、灭失的，应当承担赔偿责任。

第四百五十二条 留置权人有权收取留置财产的孳息。

前款规定的孳息应当先充抵收取孳息的费用。

第四百五十三条 留置权人与债务人应当约定留置财产后的债务履行期限；没有约定或者约定不明确的，留置权人应当给债务人六十日以上履行债务的期限，但是鲜活易腐等不易保管的动产除外。债务人逾期未履行的，留置权人可以与债务人协议以留置财产折价，也可以就拍卖、变卖留置财产所得的价款优先受偿。

留置财产折价或者变卖的，应当参照市场价格。

第四百五十七条 留置权人对留置财产丧失占有或者留置权人接受债务人另行提供担保的，留置权消灭。

【背诵话术】留置权

2019年5月11日，甲公司因拓展业务需要，从乙精密机械制造公司（以下简称乙公司）购买了A、B、C三套设备，双方约定购买设备的价款于设备试运转1年内支付。为担保价款的履行，甲公司与乙公司约定以A、B、C三套设备作为抵押物，签署了《动产抵押合同》，并于2019年5月18日办理了抵押登记。

2019年6月20日，甲公司将发生故障的A套设备，送去丙修理公司（以下简称丙公司）进行检修。因甲公司拖欠修理费用未支付，丙公司将A套设备扣押。

后丙公司见甲公司长期拖欠修理费用，其资金链也出现紧张，便未经甲公司同意于2019年7月1日将A套设备抵押给丁小贷公司（以下简称丁公司），但未办理抵押登记，从而获得贷款200万元以维持业务运营。丁公司对A套设备的所有权不属于丙公司不知情。

【问】丙公司的留置权是否设立？丁公司的抵押权是否设立？如果均已设立，则丙公司的留置权与丁公司的抵押权何者效力优先？为什么？

【答】（1）丙公司的留置权已经设立，丁公司的抵押权已经设立。

甲公司将发生故障的A套设备送去丙公司维修却未支付修理费，符合留置权设立的相关规定：其一，丙公司基于修理关系已经合法占有甲公司的A套设备。其二甲公司拖欠修理费，丙公司的债权已届清偿期。其三，丙公司基于修理关系取得对A套设备的占有与其取得对甲公司的债权属于同一法律关系。其四，该设备并无法定或约定不得留置之情形。其五，留置该设备并不违反公序良俗。所以，丙公司可以根据《民法典》第四百四十七条的规定，留置其已经合法占有的A套设备。丁公司的抵押权已经设立。留置权人未经债务人同意，不得随意处分留置财产，所以丙公司未经甲公司同意将其留置的A套设备抵押给丁公司的行为属于无权处分，但是由于丁公司不知该设备的所有权不属于丙公司，属于善意受让人，根据《民法典》第三百一十一条第三款的规定，当事人善意取得其他物权的，可以参照适用善意取得所有权的规定，所以丁公司的抵押权已经设立。

（2）丁公司的抵押权优先于丙公司的留置权。留置权人是抵押权所担保债权的债务人。留置权人行为，表明其将留置权放在较抵押权次要的位置，所以留置权人的权利不能优于抵押权人的权利。虽然丙公司未经留置物所有权人同意设定了抵押权，但在丁公司善意取得抵押权的情形下，抵押权的效力应优先于留置权。

【总话术】	两个主体是合伙企业（个人独资企业和公司）即为商事主体
【分话术1】	商事主体之间因同一法律关系而占有动产，享有留置权
【分话术2】	商事主体之间因持续经营的营业关系而占有动产，享有留置权
【分话术3】	商事主体之间同一法律关系而占有第三人的物品，可以留置 商事主体之间非同一法律关系而占有第三人的物品，不可留置

【背诵话术】让与担保

【试题演练】

自然人甲与乙订立借款合同，**其中约定甲将自己的一辆汽车作为担保物让与给乙**。借款合同订立后，甲向乙交付了汽车并办理了车辆的登记过户手续。乙向甲提供了约定的50万元借款。一个月后，乙与丙公司签订买卖合同，将该汽车卖给对前述事实不知情的丙公司并实际交付给了丙公司，但未办理登记过户手续，丙公司仅支付了一半购车款。

【问】丙公司请求乙将汽车登记在自己名下是否具有法律依据？为什么？

【答】有法律依据。因根据第二百二十五条规定，船舶、航空器和机动车等的物权的设立、变更、转让和消灭，未经登记，不得对抗善意第三人。汽车属于特殊动产，交付即转移所有权，登记只是产生对外的效力，不登记不具有对抗第三人的效力。本案中因为汽车已经交付，丙公司已取得汽车所有权。

①债务人为担保其债务的清偿，将担保物所有权（债权、股权）移转于债权人，而设立的担保属于让与担保。

②债权人没有取得实际上的所有权，本质是担保物权，因为作为担保物权人不能处分担保物，否则构成无权处分。

③债务人为担保其债务的清偿，将担保物所有权（债权、股权）移转于债权人，而设立的担保属于让与担保，当事人约定，债务不履行到期债务，债权人有权拍卖、变卖和折价的，该约定有效。

④债务人为担保其债务的清偿，将担保物所有权（债权、股权）移转于债权人，而设立的担保属于让与担保，当事人约定，债务不履行到期债务，担保财产直接归属于债权人所有的，转移所有权的约定无效，此时债权人只能拍卖、变卖和折价，用于清偿债务。

留置权的积极要件

1. 留置的标的物须为动产且占有。
2. 须债权人合法占有债务人的动产，不适用于侵权行为等取得的占有。
3. 须债权已届清偿期。
4. 须债权人留置的动产取得与债权发生属于同一法律关系。

（1）民事留置权——发生在民事主体之间

【必背话术】基于同一关系而占有债务人的动产，债权人享有留置权。

【常考情形】承揽人因对承揽费的请求权而对承揽标的物有留置权，保管人基于对保管费的请求权而对所保管的物有留置权。

【必背话术】基于同一关系而占有第三人的动产，债权人享有留置权。

【常考情形】修理工为甲修理自行车，其实自行车是借用乙的，修理工仍然享有留置权。

（2）商事留置权——判断是否构成商事留置权

第三，商事留置中，

同一法律关系＋第三人的物品＝可以留置

非同一法律关系＋第三人的物品＝不可留置

<table>
<tr><td colspan="2">【相关法条】民法担保法解释第六十二条</td></tr>
<tr><td colspan="2">　　债务人不履行到期债务，债权人因同一法律关系留置合法占有的第三人的动产，并主张就该留置财产优先受偿的，人民法院应予支持。第三人以该留置财产并非债务人的财产为由请求返还的，人民法院不予支持。

　　企业之间留置的动产与债权并非同一法律关系，债务人以该债权不属于企业持续经营中发生的债权为由请求债权人返还留置财产的，人民法院应予支持。（属于企业经营中发生的债权，可以留置财）

　　企业之间留置的动产与债权并非同一法律关系，债权人留置第三人的财产，第三人请求债权人返还留置财产的，人民法院应予支持。</td></tr>
</table>

<table>
<tr><td>【总话术】</td><td>两个主体是合伙企业（个人独资企业和公司）即为商事主体</td></tr>
<tr><td>【分话术1】</td><td>商事主体之间因同一法律关系而占有动产，享有留置权</td></tr>
<tr><td>【分话术2】</td><td>商事主体之间因持续经营的营业关系而占有动产，享有留置权</td></tr>
<tr><td>【分话术3】</td><td>商事主体之间同一法律关系而占有第三人的物品，可以留置
商事主体之间非同一法律关系而占有第三人的物品，不可留置</td></tr>
</table>

【名词解释】持续性营业关系指的是两个商事主体在持续交易中产生的营业关系，基于该营业关系而取得占有。

【理解法理】商主体之间交易范围比较广，如果每次均证明因为营业产生的债权和占有的动产之间有同一关系，导致举证上的困难，因此不要求有牵连关系，而要求商事主体有持续的经营关系即可。

【案例1】甲出租车公司的A车，经乙修理厂修复后，未付修理费用。其后，甲公司的B车在乙厂修理，甲公司已支付B车修缮费用，但乙厂仍以A车之修理费未清偿为由，拒绝返还B车而行使留置权。

【案例2】甲公司租赁给乙公司的设备，乙公司占有该设备，另乙公司从平安银行购买对甲公司的A债权，到期如甲公司不能清偿到期A债权的，乙公司不享有留置权，因债权发生不是基于经营关系产生。

必背点4 特殊担保的类型

1. 反担保

第三百八十七条【担保物权的适用范围和反担保】债权人在借贷、买卖等民事活动中，为保障实现其债权，需要担保的，可以依照本法和其他法律的规定设立担保物权。

第三人为债务人向债权人提供担保的，可以要求债务人提供**反担保**。反担保适用本法和其他法律的规定。

> **《民法典担保制度司法解释》第十九条**
>
> 担保合同无效，承担了赔偿责任的担保人按照反担保合同的约定，在其承担赔偿责任的范围内请求反担保人承担担保责任的，人民法院应予支持。
>
> 反担保合同无效的，依照本解释第十七条的有关规定处理。当事人仅以担保合同无效为由主张反担保合同无效的，人民法院不予支持。

为担保人的追偿债权设定担保称之为反担保。

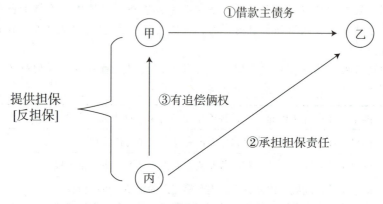

【背诵话术】

1. 本债务消灭，反担保因此消灭

2. 主债务消灭，担保债权随着消灭，此时第三担保人没有追偿权，此时反担保随着消灭

3. 担保合同无效，反担保合同不因此无效

【试题演练】

【案例】 甲公司为乙公司向银行贷款100万元提供保证，乙公司将其基于与丙公司签订的供货合同而对丙公司享有的100万元债权出质给甲公司作反担保。

【问】 如乙公司依约向银行清偿了贷款，甲公司的债权质权是否消灭，为什么？

【答】 甲公司的债权质权消灭。根据题目保证人甲公司为债务人乙公司向银行提供保证，乙公司为甲公司的追偿权提供反担保，乙公司清偿了债务，主债务消灭，担保债权随着消灭，因此甲公司对乙公司没有追偿权，此时反担保随着消灭，因此，甲公司的债权质权随之消灭。

2. 动产浮动抵押

【案例】 2019年4月9日，甲公司为扩展业务与江汉农商银行签署了《贷款协议》，双方约定：贷款金额为600万元，借款期限为2年。同时，江汉农商银行同意以甲公司现有的以及将有的生产设备、原材料、成品产品作为抵押物设定抵押，为上述600万元贷款提供担保。《动产抵押合同》签署后，双方于2019年4月10日办理了动产抵押登记。

【问题】 甲公司以其现有的及将有的生产设备等动产为江汉农商银行的贷款设立的抵押权是否成立？为什么？

【答】 成立。根据《民法典》第三百九十六条和第四百零三条的规定，动产浮动抵押自合同成立时设立，甲公司和江汉农商银行经当事人书面协议设定动产浮动抵押。

第三百九十六条**【浮动抵押】** 企业、个体工商户、农业生产经营者可以将现有的以及将有的生产设备、原材料、半成品、产品抵押，债务人不履行到期债务或者发生当事人约定的实现抵押权的情形，债权人有权就抵押财产确定时的动产优先受偿。

第四百一十一条**【浮动抵押财产的确定】** 依据本法第三百九十六条规定设定抵押的，抵押财产自下列情形之一发生时确定：

（一）债务履行期限届满，债权未实现；

（二）抵押人被宣告破产或者解散；

（三）当事人约定的实现抵押权的情形；

（四）严重影响债权实现的其他情形。

【命题点拨】

动产浮动抵押	
物权变动模式	意思主义（登记对抗主义）
主体	企业、个体工商户、农业生产经营者
客体	现有及将有的生产设备、原材料、半成品、产品
效力	自抵押合同生效时设立，未经登记不得对抗善意第三人
	就算登记，也不得对抗正常经营活动中已支付合理价款并取得抵押财产的买受人
抵押财产的确定	债务履行期限届满，债权未实现；抵押人被宣告破产或撤销；当事人约定的实现的抵押权的情形；严重影响债权实现的其他情形

3. 最高额抵押权

第四百二十条　为担保债务的履行，债务人或者第三人对一定期间内将要连续发生的债权提供担保财产的，债务人不履行到期债务或者发生当事人约定的实现抵押权的情形，抵押权人有权在最高债权额限度内就该担保财产优先受偿。

最高额抵押权设立前已经存在的债权，经当事人同意，可以转入最高额抵押担保的债权范围。

第四百二十一条　**最高额抵押担保的债权确定前，部分债权转让的，最高额抵押权不得转让，但是当事人另有约定的除外。**

第四百二十二条　最高额抵押担保的**债权确定前**，抵押权人与抵押人可以通过协议变更债权确定的期间、债权范围以及最高债权额。但是，变更的内容不得对其他抵押权人产生不利影响。

第四百二十三条　有下列情形之一的，抵押权人的债权确定：

（一）约定的债权确定期间届满；

（二）没有约定债权确定期间或者约定不明确，抵押权人或者抵押人自最高额抵押权设立之日起满二年后请求确定债权；

（三）新的债权不可能发生；

（四）抵押权人知道或者应当知道**抵押财产被查封、扣押**；

（五）债务人、抵押人被宣告破产或者解散；

（六）法律规定债权确定的其他情形。

【背诵话术】

1. 最高额抵押权，在债权确定之前，不具有从属性，不随着债权的让与而让与。

2. 最高额抵押担保的债权确定前，部分债权转让的，最高额抵押权不得转让（不随之转让），但是当事人另有约定的除外。

3. 债权额确定的话术

约定的债权确定期间届满，债权额确定。

没有约定债权确定期间或约定不明确，自最高额抵押权设立之日起满二年，债权额确定。

抵押权人知道或者应当知道**抵押财产被查封、扣押**，债权额确定。

【区别】

项目	普通抵押权	最高（债权）额抵押权
债权额	成立或者实现抵押时确定	抵押权设定时不特定，但是实现抵押时确定
担保债权存续	现债权存、已经发生的	未来的债权总额（过去、现在特约可以）
从属性	成立上从属性 处分上从属性 消灭上从属性	从属性比较随意
担保债权范围	主债权、利息债权、违约金债权和费用债权（无限制）	主债权、利息债权、违约金债权和费用债权不能超过最高数额，超过部分不能优先受偿

【试题演练1】

甲将自有市值1000万元的房屋设定最高限额抵押权于乙，以担保甲日后向乙陆续借款的债务，约定最高限额为500万元，担保范围为借款及其利息（约定利率符合法律规定）和违约金，均经登记完毕。嗣甲先后向乙借款480元、20元，其清偿期均为2020年10月30日。乙将该后笔20万元债权让与给丙，此时，480万元的借款已有利息10万元未清偿。其后甲因欠丁债务30万元未还，经丁取得执行名义，法院于2020年10月2日将该房屋予以查封。甲于同月5日仍向乙借款15万元。

【问】 最高额抵押实现抵押权的范围是多少？

【答】 490万。

【分析】 甲先后向乙借款480万元与20万元，乙于最高限额抵押权确定前，把20万元之债权让与丙，该笔债权即脱离最高限额抵押权担保的范围，不是最高限额抵押权所担保的债权。甲因欠丁债务30万元未还，经丁取得执行名义，执行法院于2020年10月2日将该地予以查封，最高限额抵押权所担保的债权即确定，转变成普通抵押权。最高限额抵押权确定后再向乙借得之十五万元债务也不为确定后之抵押权所担保。乙对甲的480万元债权及其利息债权10万元，合计490万元未超过500万元之上限，故最高限额抵押权的担保总金额即确定为490万元。

【试题演练2】

2016年9月，甲公司又向乙公司借款500万元，用于生产经营。2016年10月，甲公司与乙公司签订合同，约定由乙公司负责为甲公司不断提供海产品，甲公司进行赊账，甲公司与乙公司签订了《最高额抵押合同》，约定将甲公司的办公楼（市场价值4000多万元）抵押给乙公司，用于担保自2017年2月3日至2018年2月2日期间的债务，在3000万元的最高额内提供抵押担保。该抵押担保已依法进行登记。截至2017年10月3日，甲公司向乙公司欠款累计

2500 万元，同年 12 月 24 日，甲公司向乙公司借款 1000 万元。2018 年 1 月 3 日，乙公司将其对甲公司的 500 万元债权转让给丙公司，并通知了甲公司。2018 年 1 月 5 日，甲公司因为违法经营，名下所有的房产被查封。2018 年 2 月 3 日，甲公司又向乙公司借款 500 万元，亦未能偿还，乙公司于 2018 年 7 月 1 日诉至法院，请求法院判决就甲公司的抵押财产优先受偿，其后甲因迟延给付发生利息计 50 万元，实行抵押权之费用共计 18 万元。

根据本案的数额，最高额抵押担保的债权数额为多少，请分析之。

答：3000 万元。根据《民法典》第四百二十三条第（四）项规定，抵押权人知道或者应当知道抵押财产被查封、扣押，抵押权人的债权额确定。因此财产被查封前的债务属于被担保的范围，结合当事人约定的债权确定期间为自 2017 年 2 月 3 日至 2018 年 1 月 5 日期间的债务。期间，债权让与，根据《民法典》第四百二十一条规定，最高额抵押担保的债权确定前，部分债权转让的，最高额抵押权不得转让，但是当事人另有约定的除外，可知债权让与的最高额抵押权不随之让与，即 2018 年 1 月 3 日乙公司所转让的 500 万元债权不纳入最高额抵押的范畴，因此剩余的债权为 2500 + 1000 − 500 + 50 + 18 万，共计 3068 万元，该数额大于当事人约定的最高债权额 3000 万元，因此本案中担保的债权额为 3000 万元。

4. 超级动产抵押权（购买款抵押权、价款优先权）

第四百一十六条　动产抵押担保的主债权是抵押物的价款，标的物交付后十日内办理抵押登记的，该抵押权人优先于抵押物买受人的其他担保物权人受偿，但是留置权人除外。

（1）赊账交易 　　　　　　　　　　　　（2）借款交易

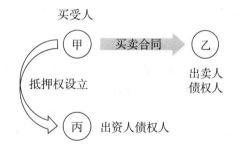

（3）所有权保留 　　　　　　　　　　　　（4）融资租赁（租买）

《民法典担保制度司法解释》第五十七条

担保人在设立动产浮动抵押并办理抵押登记后又购入或者以融资租赁方式承租新的动产，下列权利人为担保价款债权或者租金的实现而订立担保合同，并在该动产交付后十日内办理登记，主张其权利优先于在先设立的浮动抵押权的，人民法院应予支持：

（一）在该动产上设立抵押权或者保留所有权的出卖人；

（二）为价款支付提供融资而在该动产上设立抵押权的债权人；

（三）以融资租赁方式出租该动产的出租人。

买受人取得动产但未付清价款或者承租人以融资租赁方式占有租赁物但是未付清全部租金，又以标的物为他人设立担保物权，前款所列权利人为担保价款债权或者租金的实现而订立担保合同，并在该动产交付后十日内办理登记，主张其权利优先于买受人为他人设立的担保物权的，人民法院应予支持。

【背诵话术】 价款优先权

【案例研习】 2019年4月9日，甲公司为扩展业务与江汉农商银行签署了《贷款协议》，双方约定：贷款金额为600万元，借款期限为2年。同时，江汉农商银行同意以甲公司现有的以及将有的生产设备、原材料、成品产品作为抵押物设定抵押，为上述600万元贷款提供担保。《动产抵押合同》签署后，双方于2019年4月10日办理了动产抵押登记。

2019年5月11日，甲公司因拓展业务需要，从乙精密机械制造公司（以下简称乙公司）购买了A、B、C三套设备，双方约定购买设备的价款于设备试运转1年内支付。为担保价款的履行，甲公司与乙公司约定以A、B、C三套设备作为抵押物，签署了《动产抵押合同》，并于2019年5月18日办理了抵押登记。

【问】 乙公司的动产抵押权与江汉农商银行的抵押权何者效力优先？为什么？

【答】 乙公司的动产抵押权优先于江汉农商银行的动产浮动抵押权。

乙公司的动产抵押权担保的是其买卖合同标的物的价款，属于购买价金担保权。动产抵押权自抵押合同生效之时设立，故其成立时间为2019年5月11日，又因其在2019年5月18日办理了抵押登记符合《民法典》第四百一十六条中规定，动产抵押担保的主债权是抵押物的价款，标的物交付后十日内办理抵押登记的，该抵押权人优先于抵押物买受人的其他担保物权人受偿，故乙公司的动产抵押权优先于江汉农商银行成立在先的动产浮动抵押权。

①认定超级动产抵押权

动产抵押担保的主债权是抵押物的价款，标的物交付后十日内办理抵押登记的，属于价款优先权。

所有权保留的约定本质是为出卖人设立担保，属于价款优先权。

融资租赁中的约定本质为为融资租赁人设立担保，属于价款优先权。

②超级动产抵押权和其他权利的顺位

动产抵押担保的主债权是抵押物的价款，标的物交付后十日内办理抵押登记的，属于价款优先权，优先于其他担保物权但是劣后于留置权。

所有权保留的约定本质是为出卖人设立担保，属于价款优先权，优先于其他担保物权但是劣后于留置权。

融资租赁中的约定本质为为融资租赁人设立担保，属于价款优先权，优先于其他担保物权但是劣后于留置权。

【背诵话术】

①认定超级动产抵押权

动产抵押担保的主债权是抵押物的价款，标的物交付后十日内办理抵押登记的，属于价款优先权。

所有权保留的约定本质是为出卖人设立担保，属于价款优先权。

融资租赁中的约定本质为为融资租赁人设立担保，属于价款优先权。

②超级动产抵押权和其他权利的顺位

动产抵押担保的主债权是抵押物的价款，标的物交付后十日内办理抵押登记的，属于价款优先权，优先于其他担保物权但是劣后于留置权。

所有权保留的约定本质是为出卖人设立担保，属于价款优先权，优先于其他担保物权但是劣后于留置权。

融资租赁中的约定本质为为融资租赁人设立担保，属于价款优先权，优先于其他担保物权但是劣后于留置权。

5. 价款优先权——所有权保留

所有权保留合同是指买受人先占有标的物，约定支付一部分或全部价款或者完成特定条件时，才取得标的物的所有权的买卖合同。

未经登记不可对抗善意第三人。

（1）取回权

取回权，是指当事人约定所有权保留，在标的物所有权转移前，因为买受人的违约行为导致出卖人遭受损害时，出卖人主张取回标的物的权利。

【取回权本质】清偿权，为了便于将来拍卖而取得占有的权利。

（2）行使取回权的情形以及限制

事由	例外
不依约付款	支付价款达75%
不依约完成特定条件	无
无权处分（出卖、出质或者为其他）	善意取得

（3）回赎权

主体	买受人
期限	双方约定或者出卖人指定
条件	消除出卖人取回标的物的事由

救济手段：出卖人可以出卖标的物以保证出卖人的价款得以实现
出卖所得价款扣减未清偿的价金和费用，仍有剩余的，归于买受人；不足清偿价款的，由买受人补足，出卖人另行出卖的价格明显低于市场价格的除外（防止坑买受人）

6. 让与担保

【试题演练】

自然人甲与乙订立借款合同，**其中约定甲将自己的一辆汽车作为担保物让与给乙**。借款合同订立后，甲向乙交付了汽车并办理了车辆的登记过户手续。乙向甲提供了约定的50万元借款。一个月后，乙与丙公司签订买卖合同，将该汽车卖给对前述事实不知情的丙公司并实际交付给了丙公司，但未办理登记过户手续，丙公司仅支付了一半购车款。

【问】丙公司请求乙将汽车登记在自己名下是否具有法律依据？为什么？

【答】有法律依据。因根据《民法典》第二百二十五条规定，船舶、航空器和机动车等的物权的设立、变更、转让和消灭，未经登记，不得对抗善意第三人。汽车属于特殊动产，交付即转移所有权，登记只是产生对外的效力，不登记不具有对抗第三人的效力。本案中因为汽车已经交付，丙公司已取得汽车所有权。

《民法典担保制度司法解释》第六十八条

债务人或者第三人与债权人约定将财产形式上转移至债权人名下，债务人不履行到期债务，财产归债权人所有的，人民法院应当认定该约定无效，但是不影响当事人有关提供担保的意思表示的效力。当事人已经完成财产权利变动的公示，债务人不履行到期债务，债权人请求对该财产享有所有权的，人民法院不予支持；债权人请求参照民法典关于担保物权的规定对财产折价或者以拍卖、变卖该财产所得的价款优先受偿的，人民法院应予支持；债务人履行债务后请求返还财产，或者请求对财产折价或者以拍卖、变卖所得的价款清偿债务的，人民法院应予支持。

债务人与债权人约定将财产转移至债权人名下，在一定期间后再由债务人或者其指定的第三人以交易本金加上溢价款回购，债务人到期不履行回购义务，财产归债权人所有的，人民法院应当参照第二款规定处理。回购对象自始不存在的，人民法院应当依照民法典第一百四十六条第二款的规定，按照其实际构成的法律关系处理。

（三）让与担保类型

约定转移"所有权"，用于担保
偿还价款，退回所有权

约定转移"所有权"，用于担保
本金+溢价款回购

前提约定	法律效果约定	效力
当事人可以约定通过让与担保的方式设定担保物权	债务人不履行到期债务，债权人有权对财产折价或者以拍卖、变卖该财产所得价款偿还债务的	有效 有清算效力
	债务人不履行到期债务，财产归债权人所有的	1. 法律效果约定无效 2. 成立让与担保，产生担保效力，即为可以实现变价权

【背诵话术】

①债务人为担保其债务的清偿，将担保物所有权（债权、股权）移转于债权人，而设立的担保属于让与担保。

②债权人没有取得实际上的所有权，本质是担保物权，因为作为担保物权人不能处分担保物，否则构成无权处分。

③债务人为担保其债务的清偿，将担保物所有权（债权、股权）移转于债权人，而设立的担保属于让与担保，当事人约定，债务不履行到期债务，债权人有权拍卖、变卖和折价的，该约定有效。

④债务人为担保其债务的清偿，将担保物所有权（债权、股权）移转于债权人，而设立

的担保属于让与担保，当事人约定，债务人不履行到期债务，担保财产直接归属于债权人所有的，后面的效果的该约定无效，此时债权人只能拍卖、变卖和折价，用于清偿债务。

※背点5　混合担保的类型

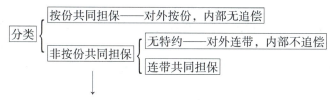

物保与人保对外连带

类型		债权人选择	追偿问题
物保与人保并存	债务人物保与人保并存	先选债务人（限制主义）	保证人向债务人追偿
	第三人物保与保证并存	自由主义	都可以向债务人追偿 物保和人保之间原则不可追偿 **除非约定连带**
物保与物保并存	债务人抵押与第三人抵押并存	自由主义	向债务人追偿
	第三人抵押与第三人抵押并存	自由主义	都可以向债务人追偿 物保人之间原则不能追偿 **除非约定连带**
判定保证人之间以连带保证责任为原则，有约定承担份额的，则为按份共同保证		按份共同保证：保证人无追偿关系，只能向债务人追偿 非按份共同保证均有权向债务人追偿 （1）保证人之间约定可以互相追偿的，内部可以追偿 （2）没有约定的，可以互相追偿的，内部不可追偿	

第三百九十二条　被担保的债权既有物的担保又有人的担保的，债务人不履行到期债务或者发生当事人约定的实现担保物权的情形，债权人应当按照约定实现债权；没有约定或者约定不明确，债务人自己提供物的担保的，债权人应当先就该物的担保实现债权；第三人提供物的担保的，债权人可以就物的担保实现债权，也可以请求保证人承担保证责任。提供担保的第三人承担担保责任后，有权向债务人追偿。

> **《民法典担保制度司法解释》第十三条**
> 　　同一债务有两个以上第三人提供担保，担保人之间约定相互追偿及分担份额，承担了担保责任的担保人请求其他担保人按照约定分担份额的，人民法院应予支持；担保人之间约定承担连带共同担保，或者约定相互追偿但是未约定分担份额的，各担保人按照比例分担向债务人不能追偿的部分。

　　同一债务有两个以上第三人提供担保，担保人之间未对相互追偿作出约定且未约定承担连带共同担保，但是各担保人在同一份合同书上签字、盖章或者按指印，承担了担保责任的担保人请求其他担保人按照比例分担向债务人不能追偿部分的，人民法院应予支持。

　　除前两款规定的情形外，承担了担保责任的担保人请求其他担保人分担向债务人不能追偿部分的，人民法院不予支持。

第十四条

　　同一债务有两个以上第三人提供担保，担保人受让债权的，人民法院应当认定该行为系承担担保责任。受让债权的担保人作为债权人请求其他担保人承担担保责任的，人民法院不予支持；该担保人请求其他担保人分担相应份额的，依照本解释第十三条的规定处理。

【背诵话术】

　　①根据《民法典》第三百九十二条的规定，债务人提供物保，第三人提供保证，当事人之间没有特别约定，债权人应该先找债务人的物保。

　　②根据《民法典》第三百九十二条的规定，债务人提供物保，第三人提供保证和第三人物保的，当事人之间没有特别约定，债权人应该先找债务人的物保。

　　③第三担保人和第三担保人之间明示约定连带共同担保。担保人之间相互追偿。

　　④第三担保人和第三担保人在同一份合同书上签字、盖章或者按指印，视为约定为连带共同担保，担保人之间可以追偿。

　　⑤第三担保人和第三担保人未约定连带共同担保且未在同一份合同书上签字、盖章或者按指印，担保人之间不可追偿。

清偿担保人的效力——追偿权和承受权

《民法典担保制度司法解释》第十八条

　　承担了担保责任或者赔偿责任的担保人，在其承担责任的范围内向债务人追偿的，人民法院应予支持。

　　同一债权既有债务人自己提供的物的担保，又有第三人提供的担保，承担了担保责任或者赔偿责任的第三人，主张行使债权人对债务人享有的担保物权的，人民法院应予支持。

（1）担保人享有追偿权

承担了担保责任或者赔偿责任的担保人，有权在其承担责任的范围内向债务人追偿的。

此处的担保人包括两种：已经承担担保责任的物上保证人和保证人。

（2）担保人享有承受权

同一债权既有债务人自己提供的物的担保，又有第三人提供的担保，承担了担保责任或者赔偿责任的第三人，可以行使债权人对债务人享有的担保物权。

担保人的承受权，以其享有追偿权为前提。

同一债权既有债务人自己提供的物保，又有第三人提供担保（物保或者人保），承担了担保责任或者赔偿责任的第三人，主张行使原债权人对债务人的物保（《民法典担保制度司法解释》第十八条）。

必背点 6　抵押财产的处分和租赁

1. 抵押的不动产再转让

第四百零二条【不动产抵押登记】以本法第三百九十五条第一款第一项至第三项规定的财产或者第五项规定的正在建造的建筑物抵押的，应当办理抵押登记。抵押权自登记时设立。

【背诵话术】抵押的不动产再转让（或再出租）的，后成立的所有权或者承租权，不能影响已经产生的抵押权，因为抵押权已经登记，具有公示效力和追及效力。

2. 抵押的动产再转让

第四百零三条【动产抵押的效力】以动产抵押的，抵押权自抵押合同生效时设立；未经登记，不得对抗善意第三人。

> 《民法典担保制度司法解释》第五十四条
>
> 动产抵押合同订立后未办理抵押登记，动产抵押权的效力按照下列情形分别处理：
>
> （一）抵押人转让抵押财产，受让人占有抵押财产后，抵押权人向受让人请求行使抵押权的，人民法院不予支持，但是抵押权人能够举证证明受让人知道或者应当知道已经订立抵押合同的除外；
>
> （二）抵押人将抵押财产出租给他人并移转占有，抵押权人行使抵押权的，租赁关系不受影响，但是抵押权人能够举证证明承租人知道或者应当知道已经订立抵押合同的除外；
>
> （三）抵押人的其他债权人向人民法院申请保全或者执行抵押财产，人民法院已经作出财产保全裁定或者采取执行措施，抵押权人主张对抵押财产优先受偿的，人民法院不予支持；
>
> （四）抵押人破产，抵押权人主张对抵押财产优先受偿的，人民法院不予支持。

> **第一步：第三人的范围**
> 所有权受让人、租赁权人、扣押债权人
> **第二步：抵押权人能否对第三人主张抵押权**
> 第三人——善意——未登记且不知情——不可以
> 第三人——恶意——登记或者未登记但知情——可以

【背诵话术】

（1）抵押权——所有权

①动产抵押权已经登记出卖给他人【具体题目换人称】的（或者未登记但买受人知情的），抵押权具有追及效力，后成立的所有权不能影响先成立的抵押权。

②动产抵押权未登记而出卖给他人【具体题目换人称】且买受人不知情的，抵押权丧失追及效力，抵押权人不能主张抵押权，此时抵押人承担违约责任或不当得利。

（2）抵押权——租赁权（占有）

①动产抵押权已经登记（或者未登记但买受人知情的）出租给他人【具体题目换人称】，抵押权具有追及效力，后成立的承租权不能影响先成立的抵押权。

②动产抵押权未登记且买受人不知情的，出租给他人，并交付占有的，承租权优先于后成立的抵押权。

3. 动产属于日常销售的商品，用于出售

《民法典担保制度司法解释》第五十六条

第五十六条　买受人在出卖人正常经营活动中通过支付合理对价取得已被设立担保物权的动产，担保物权人请求就该动产优先受偿的，人民法院不予支持，但是有下列情形之一的除外：

（一）购买商品的数量明显超过一般买受人；

（二）购买出卖人的生产设备；

（三）订立买卖合同的目的在于担保出卖人或者第三人履行债务；

（四）买受人与出卖人存在直接或者间接的控制关系；

（五）买受人应当查询抵押登记而未查询的其他情形。

前款所称出卖人正常经营活动，是指出卖人的经营活动属于其营业执照明确记载的经营范围，且出卖人持续销售同类商品。前款所称担保物权人，是指已经办理登记的抵押权人、所有权保留买卖的出卖人、融资租赁合同的出租人。

【理解部分】

正常经营活动是指出卖人的经营活动，属于其营业执照明确记载的经营范围，且出卖人持续销售同类商品的活动。

正常经营活动出售的抵押物品，要符合债权人的预期，预测到设定抵押的物品有出售的风险。因此，处分人依营业常规有偿处分该担保标的时，一旦处分，该商品会脱离担保之负担，即为物之上的权利负担消灭。

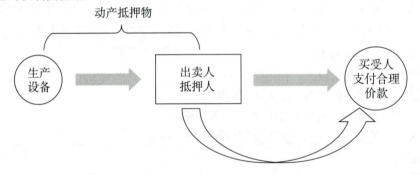

必背话术	购买商品的数量明显超过一般人买受人，不属于正常经营活动，物之上的抵押权不消灭
	买受人与出卖人存在直接或者间接的控制关系，不属于正常经营活动，物之上的抵押不消灭
	当事人订立买卖合同的目的在于担保出卖人或第三人履行债务，不属于正常经营活动，物之上的抵押不消灭
	出卖人出售生产设备，不属于正常经营活动，物之上的抵押不消灭

4. 租赁和转让

第四百零五条　抵押权设立前，抵押财产已经出租并转移占有的，原租赁关系不受该抵押权的影响。

《民法典担保制度司法解释》第五十四条

动产抵押合同订立后未办理抵押登记，动产抵押权的效力按照下列情形分别处理：

……

（二）抵押人将抵押财产出租给他人并移转占有，抵押权人行使抵押权的，租赁关系不受影响，但是抵押权人能够举证证明承租人知道或者应当知道已经订立抵押合同的除外；

……

（1）出租其抵押物——规则同买卖不破租赁

①租赁（占有）＞抵押（不管是否登记）

【背诵话术】先租赁后抵押的，抵押不破租赁；不管抵押登记与否，抵押权的实现不影响租赁关系。

②先抵押（登记）后租赁（占有）

【背诵话术】先抵押后出租的，已经登记的抵押可以对抗租赁，即为抵押权实现时，抵押权的实现可以请求承租人腾退房屋。

③抵押（未登记）＞租赁（占有＋知情）

【背诵话术】先抵押后出租的，未登记的抵押权可以对抗知情的租赁权，即为抵押权实现时，抵押权的实现时，可以请求承租人腾退房屋。

④租赁（占有＋不知情）＞抵押（未登记）

【背诵话术】先抵押后出租的，未登记的抵押权不可对抗不知情的租赁权，即为抵押权实现时，承租权不受影响，抵押权的实现时，不可以请求承租人腾退房屋。

※背点7　定金

【注意】定金的"金"不限于金钱还包括代替物

1. 定金合同具有从属性

定金具有从属性，定金合同的成立和有效以主合同的成立和有效为前提。

主合同无效、被撤销时、被解除或其他原因消灭时，定金合同也消灭。

2. 定金合同属于实践性合同

定金合同交付所约定的金钱或其他代替物，方能成立，因此定金合同也是一种"要物合同"。

3. 定金的数额由当事人约定，但不得超过主合同标的额20%，超过部分不视为定金。

4. 立约定金

项目	内容
构成前提	主合同尚未成立，但是成立立约定金合同。
约定事由	阻碍主合同的成立
效果	付定人阻碍主合同成立，受定人没收定金， 受定人阻碍主合同成立，受定人加倍返还。

5. 解约定金

项目	内容
构成前提	主合同尚未成立尚未履行
约定事由	解除合同
效果	付定人想摆脱主合同的束缚行使解除权，受定人没收定金， 受定人想摆脱主合同的束缚行使解除权，受定人双倍返还。

6. 违约定金

项目	内容
适用事由	存在不法行为——违约行为的产生。 违约定金罚则适用的构成前提仅仅是"不履行约定的债务"，仅指造成"给付目的不能实现的事由"。
效力	（1）本约履行时：定金应返还或作为给付的一部分 （2）本约不能履行时（即给付不能时）： ①可归责于付定金的当事人的，定金不得请求返还 ②可归责于受定金的当事人的，应两倍返还定金 ③不可归责于双方当事人的应返还定金

7. 定金和损害的关系归纳

损害赔偿和定金的选择	（1）主张损害赔偿，则不能主张违约金 （2）如果请求定金： 定金低——请求增加（《民法典》第588条第2款） 定金高——不必请求减少（诚信原则） 违约金过高的（超过实际损害30%）则类推适用违约金条款，可以请求减少。
定金、违约金	选择之债，只能择一行使

※背点8 债权让与

必背点总结一：债权让与的本质

债权让与，是指不变更债权之同一性，债权人将该债权请求权移转于第三人之法律行为。

也就是债权让与中，仅仅是债权人发生变化，其他债的要素均不发生变化。

如果因为主体发生变化导致债的内容发生变化的，此时不适用于债的转移，而应该属于先解除合同后重新签订新合同。

以下债权不能转移

1. 人格权遭受侵害的精神抚慰金请求权。

2. 抚养金请求权。

3. 婚姻关系产生的精神抚慰金请求权。

4. 租赁、雇佣（劳务）和委托等债权。

5. 从权利债权：利息债权、保证债权。

必背点总结二：禁转约定

1. 非金钱债务——禁止让与债权的约定，不可对抗善意第三人。

【理解点】

禁止债权让与的约定，基于此约定，债权人不仅负有不得让与的义务，也使债权失其转让性，违反此约定所实施的债权让与应归于无效。

【案例】甲对乙享有债权，甲乙之间约定甲的债权不可让与给他人，甲擅自将债权让与给丙。丙善意时，甲丙之间的债权让与约定有效，即为乙负有向债权人丙清偿的义务。

2. 金钱债权，禁止转让债权的约定，不能对抗任何第三人

这里不管第三人知情与否，均可以取得债权。

必背点总结三：债权的双重让与

第一次让与有效

第二次让与属于效力待定，不发生善意取得。

【案例】甲将其对乙之100万债权让与丙，之后又将该笔债权让与丁公司，丁公司将受让债权之事通知乙，乙对丁公司为清偿。

甲先将债权让与给第三人丙，于债权让与行为发生效力时，丙即取得该笔债权。

丙取得债权后，甲对于丁公司所实施的让与行为，即属无权处分他人债权，属于效力待定的民事法律行为，丙承认后才生效，不发生善意取得。

必背点总结四、债权让与，从权利不发生转移的情形

1. 违约金债权

（1）违约发生之前，债权让与的，违约金债权不随之发生转移。

（2）违约发生之后，债权让与的，违约金债权随之发生转移。

2. 商事留置权不发生转移

从属权利与让与人有不可分离之关系的，不生移转之效力，如商主体之间因营业关系而占有的动产，与其因营业关系所生的债权，视为有前条所定之牵连关系如此项留置权随同债权让与而移转，则留置物之占有即与原来的营业关系失去联系，而欠缺留置权所须之牵连关系，不发生债权让与的事实。

因此大家注意必背点总结债权让与，商事留置权不让与。

必背点总结五、对外效果

1. 债务人得对债权人的抗辩，对抗第三人（债权的受让人）。

2. 债务人得对债权人的抵销，对第三人主张（满足抵销的要件，主动债权到期且无诉讼时效抗辩）。

必背点总结六、债权的表见让与

让与人已将债权的让与通知债务人的，即使把债权让与给债权人或者让与行为无效，债务人仍有权以其对抗受让人的事由，对抗让与人。

故债权人甲已将债权让与一事通知债务人乙，但实际上债权人甲与受让人丙间之让与行为未完成或让与无效时，该债权虽仍属于甲，但为了保障债务人乙误向受让人丙清偿所造成的不利益，本条遂规定使乙有权以其对抗丙的事由对抗甲。

【案例】乙有权主张其已对丙清偿，该债权已经消灭。此时，甲仅能依照不当得利的规定，向丙请求返还。

※背点9　建设工程款优先受偿权

【前提】发包人未付款+承包人催告合理期限内支付+发包人逾期不支付。

【试题演练】

甲公司和乙公司签订施工合同，约定由乙公司为甲公司在获得的建设用地上依法建立房屋一栋，之后甲将房屋的非主体部分承包给一个没有资质的丙公司，丙建设的工程质量合格，乙的工程经过验收全部合格。但是到期甲公司不能付款，经过乙公司的催告合理期限也未能付款。

【问】乙公司就什么标的物拍卖后获得优先受偿？为什么？

【答】乙公司对甲乙之间的建设物——房屋和建设用地使用权均享有抵押权。

甲乙公司之间订立建设工程施工合同，乙的建设工程质量合格，经过验收，因此享有建设工程的价款请求权。甲公司未能到期付款，经过合理的期限后，仍不付款，此时根据《民法典》第八百零七条的规定，此时乙享有建设工程款优先受偿权，但是根据《民法典》第三百九十七条的规定，设定抵押权时房地一体时，此时地随房设定抵押，因此此时乙不仅对建设物房屋享有抵押权，同时对建设工程使用权享有抵押权。

1. 权利主体的界定——签订合同的承包人

（1）主体范围包括

①建筑物主体结构的承包人。

②承重结构变动的重大装修工程的承包人。

（2）非权利主体

承包人只能是与发包人订立合同的施工人，不包括设计人、勘验人和监理人以及施工中的分包人、实际施工人。

2. 价款请求权的范围

价款是指承包人就其完成的工程成果所产生的费用，包括直接费、间接费、利润、税金等，不包括承包人因发包人违约所产生的损失。

3. 客体的范围——建设工程

4. 优先受偿权的行使条件——享有报酬请求权

（1）合同有效，建设工程质量合格，此时享有报酬请求权。

（2）合同无效，建设工程质量合格，此时享有报酬请求权。

5. 权利存续期间

该权利存续期为18个月。

《建设工程司法解释（一）》第四十一条　承包人应当在合理期限内行使建设工程价款优先受偿权，但最长不得超过18个月，自发包人应当给付建设工程价款之日起算。

6. 权利顺位问题

（1）优先受偿权放弃的效力

承包人与发包人约定不行使优先受偿权后，不能再请求行使优先受偿权。

（2）优先受偿权放弃的限制

（3）承包人优先受偿权与其他权利的顺位（必背点总结）

承包人工程价款优先受偿权优先于其承建工程上设立的抵押权和其他债权。发包人不能以建设工程设定抵押权为由进行抗辩。

7. 实际施工人的救济

（1）代位权

【法律关系】

$$发包人——承包人\begin{cases}转包关系（违法）：转包人——实际施工人 \\ 违法分包（违法）：分包人——实际施工人\end{cases}$$

【相关法条】

《建设工程司法解释（一）》第四十四条

实际施工人依据民法典第 535 条规定，以转包人或者违法分包人怠于向发包人行使到期债权或者与该债权有关的从权利，影响其到期债权实现，提起代位权诉讼的，人民法院应予支持。

（2）实际施工人的权利特殊保障

【法律关系】

$$发包人——承包人\begin{cases}转包关系（违法）：转包人——实际施工人 \\ 违法分包（违法）：分包人——实际施工人\end{cases}$$

特殊救济的方式如下：

①实际施工人起诉发包人，人民法院应当追加转包人或者违法分包人为本案第三人。

②确实存在债务关系，即为施工合同。

③发包人在欠付建设工程价款范围内对实际施工人承担责任。

【相关法条】

《建设工程司法解释（一）》第四十三条

实际施工人以转包人、违法分包人为被告起诉的，人民法院应当依法受理。

实际施工人以发包人为被告主张权利的，人民法院应当追加转包人或者违法分包人为本案第三人，在查明发包人欠付转包人或者违法分包人建设工程价款的数额后，判决发包人在欠付建设工程价款范围内对实际施工人承担责任。

专题十 具体的合同

※背点 1 赠与合同

一、赠与人违约责任

赠与人仅就其故意或重大过失对于受赠人负违约责任（履行利益的损失赔偿）。

二、瑕疵担保义务

1. 原则

赠与人不负物或权利瑕疵担保责任。（赠与属于无偿合同）

2. 例外

附义务的赠与，赠与的财产有瑕疵的，赠与人在附义务的限度内承担与出卖人相同的责任	约定赠与物价值是 50 万，而需要受赠人负担 10 万 实际赠与物是 38 万，不承担瑕疵担保责任（38 万 > 10 万元） 实际赠与物是 8 万，此时赠与人要负担 2 万元的瑕疵担保责任
赠与人故意不告知其瑕疵或保证其无瑕疵时，负瑕疵担保责任，赠与人对受赠人所负的责任为赔偿因瑕疵所生的损害（加害给付）	甲送乙电毯，因电毯本身有瑕疵，乙睡觉时使用，不仅电毯起火燃烧，乙亦被灼伤其中，乙受赠之电毯，乃乙因赠与合同所获得的履行利益，乙被灼伤，则固有利益受损，所称之因瑕疵所生的损害，仅指损害了受赠人的固有利益

三、赠与人撤销权

（一）赠与人的任意撤销权——【撤销看心情】

赠与权利转移之前，不问原因，由赠与人任意撤销。

【例外】——公、道、证

（1）公——救灾扶贫等社会公益赠与合同；

（2）道——道德义务性质的赠与合同；

（3）证——经过公证的赠与合同。

（二）赠与人的法定撤销权——【撤销因忘恩】

1. 适用情形——忘恩负义

（1）严重侵害赠与人或者赠与人的近亲属。

（2）对赠与人有扶养义务而不履行。

这里的不履行应该解释为，能够履行抚养义务而不履行抚养义务，如果受赠与人因贫困潦倒无法履行抚养义务，不适应本规定。

（3）不履行赠与合同约定的义务。

2. **撤销权的行使**

撤销权属于形成权，通过意思表示为之，除斥期间自知道或者应当知道撤销原因之日起1年。

（三）继承人和法定代理人的撤销权

1. **权利行使要件：导致受赠人死亡和精神病**

因受赠人的违法行为致使赠与人死亡或者丧失民事行为能力的，赠与人的继承人或者法定代理人可以撤销赠与。

2. **权利行使的除斥期间**

赠与人的继承人或者法定代理人的撤销权，自知道或者应当知道撤销原因之日起六个月内行使。

（四）撤销权的后果

（1）未履行的，债务人有权主张拒绝履行。

（2）已履行的，相对人可以依照不当得利的规定，主张返还。

※背点2　租赁

【试题演练】

甲欲出卖自家的房屋，但其房屋现已出租给张某，租赁期还剩余1年。甲将此事告知张某，张某明确表示，以目前的房价自己无力购买。

甲的同事乙听说后，提出购买。甲表示愿意但需再考虑细节。乙担心甲将房屋卖与他人，提出草签书面合同，保证甲将房屋卖与自己，甲同意。甲、乙一起到房屋登记机关验证房屋确实登记在甲的名下，且所有权人一栏中只有甲的名字，双方草签了房屋预购合同。

后双方签订正式房屋买卖合同约定：乙在合同签订后的5日内将购房款的三分之二通过银行转账给甲，但甲须提供保证人和他人房屋作为担保；双方还应就房屋买卖合同到登记机关办理预告登记。

甲找到丙作为保证人，并用丁的房屋抵押。丁与乙签订了抵押合同并办理了抵押登记，但并没有约定担保范围。甲乙双方办理了房屋买卖合同预告登记，但甲忘记告诉乙房屋出租情况。

此外，甲的房屋实际上为夫妻共同财产，甲自信妻子李某不会反对其将旧房出卖换大房，事先未将出卖房屋的事情告诉李某。李某知道后表示不同意。但甲还是瞒着李某与乙办理了房屋所有权转移登记。

3年后，甲与李某离婚，李某认为当年甲擅自处分夫妻共有房屋造成了自己的损失，要求赔偿。甲抗辩说，赔偿请求权已过诉讼时效。

【问题】

1. 在本案中，如甲不履行房屋预购合同，乙能否请求法院强制其履行？为什么？

答：不能。根据《民法典》第四百九十五条规定，当事人约定在将来一定期限内订立合同的认购书、订购书、预订书等，构成预约合同。当事人一方不履行预约合同约定的订立合同义务的，对方可以请求其承担预约合同的违约责任。本案中，预约合同的标的是签订本约的行为，属于标的不适于强制履行的情形且强制缔约有违意思自治，所以乙不能请求甲强制履行，但可以解除合同并请求其承担损害赔偿的违约责任。

因此，乙不能请求法院强制甲履行房屋预购合同。

2. 甲未告知乙有租赁的事实，应对乙承担什么责任？

答：违约责任。《民法典》第六百一十二条规定，出卖人就交付的标的物，负有保证第三人对该标的物不享有任何权利的义务，但是法律另有规定的除外。本案中，甲出卖给乙的房屋具有权利上的瑕疵，在订立买卖合同时，甲对乙负有告知房屋处于租赁期间的义务，甲未履行告知义务的，即须对乙承担违约责任。

因此，甲应对乙承担违约责任。

3. 如甲不按合同交付房屋并转移房屋所有权，预告登记将对乙产生何种保护效果？

答：未经预告登记权利人的同意，处分不动产的，不发生物权变动的效果。

《民法典》第二百二十一条第一款规定，当事人签订买卖房屋的协议或者签订其他不动产物权的协议，为保障将来实现物权，按照约定可以向登记机构申请预告登记。预告登记后，未经预告登记的权利人同意，处分该不动产的，不发生物权效力。

本案中，甲未经乙同意，处分该房屋的，不发生物权变动的效果。

因此，如甲不按合同交付房屋并转移房屋所有权，对房屋的交付请求权具有物权性优先权，可以对抗所有的未登记的购买人。

4. 如甲在预告登记后又与第三人签订房屋买卖合同，该合同是否有效？为什么？

答：有效。

《民法典》第二百一十五条规定，当事人之间订立有关设立、变更、转让和消灭不动产物权的合同，除法律另有规定或者当事人另有约定外，自合同成立时生效；未办理物权登记的，不影响合同效力。

本案中，预告登记后，甲与第三人签订的房屋买卖合同有效，只是不发生物权变动的效力，如果甲不履行，将对第三人承担违约责任。

因此，如甲在预告登记后又与第三人签订房屋买卖合同，该合同有效。

5. 如甲不履行合同义务，在担保权的实现上乙可以行使什么样的权利？担保权实现后，甲、丙、丁的关系如何？

答：乙可以选择实现抵押权或者向保证人丙主张保证责任；无论丁还是丙履行担保责任后，都有权向甲追偿。

《民法典》第三百九十二条规定，被担保的债权既有物的担保又有人的担保的，债务人不履行到期债务或者发生当事人约定的实现担保物权的情形，债权人应当按照约定实现债权；没有约定或者约定不明确的，债务人自己提供物的担保的，债权人应当先就该物的担保实现债权；第三人提供物的担保的，债权人可以就物的担保实现债权，也可以请求保证人承担保证责任。提供担保的第三人承担担保责任后，有权向债务人追偿。

本案中，甲对乙不履行到期债务时，因未约定乙行使担保权利的顺序，且债务人甲未以自己的财产提供物保，乙行使担保权利无顺序限制，乙可选择"分别"或者"一并"请求丙承担保证责任或请求对丁的房屋行使抵押权。无论谁承担担保责任后，都有权向甲追偿。

因此，乙可以选择实现抵押权或者向保证人丙主张保证责任；无论丁还是丙履行担保责任后，都有权向甲追偿。

6. 甲擅自处分共有财产，其妻李某能否主张买卖合同无效？是否可以主张房屋过户登记为无效或者撤销登记？为什么？

答：不得主张买卖合同无效；不可以主张房屋登记过户为无效或者撤销登记。

本案中，房子系甲与妻子李某共同共有，甲擅自将房屋出卖给乙构成无权处分。根据《民法典》第二百零一条规定，处分共有的不动产或者动产以及对共有的不动产或者动产作重大修缮、变更性质或者用途的，应当经占份额三分之二以上的按份共有人或者全体共同共有人同意，但是共有人之间另有约定的除外。李某的行为构成无权处分，根据《民法典》第五百九十七条第一款规定，因出卖人未取得处分权致使标的物所有权不能转移的，买受人可以解除合同并请求出卖人承担违约责任。因此无权处分不影响合同效力，若无其他效力瑕疵，买卖合同有效且乙已经善意取得房屋所有权。

因此，甲妻李某不得主张买卖合同无效，也不可以主张房屋登记过户为无效或者撤销登记。

7. 甲对其妻李某的请求所提出的时效抗辩是否成立？为什么？

答：不能。

根据《民法典》第一百九十四条规定，……（五）其他导致权利人不能行使请求权的障碍。

本案中，甲与李某婚姻关系属于"其他障碍"之一，在李某对甲之损害赔偿请求权 3 年诉讼时效期间还剩六个月时，发生诉讼时效中止的效果，自李某与甲离婚时，诉讼时效中止的原因消除，继续计算剩余的六个月诉讼时效期间。所以，李某于甲实施无权处分 3 年后与甲离婚时请求甲承担损害赔偿责任，因曾经发生的诉讼时效中止，诉讼时效期间未经过。

因此，甲对其妻李某的请求所提出的时效抗辩不成立。

【案情】

大学生李某要去 A 市某会计师事务所实习。此前，李某通过某租房网站租房，明确租房位置和有淋浴热水器两个条件。张某承租了王某一套二居室，租赁合同中有允许张某转租的条款。张某与李某联系，说明该房屋的位置及房屋里配有高端热水器。李某同意承租张某的房屋，并通过网上银行预付了租金。

李某入住后发现，房屋的位置不错，卫生间也较大，但热水器老旧不堪，不能正常使用，屋内也没有空调。另外，李某了解到张某已拖欠王某 1 个月的租金，王某已表示，依租赁合同的约定要解除与张某的租赁合同。

李某要求张某修理热水器，修了几次都无法使用。再找张某，张某避而不见。李某只能用冷水洗澡并因此感冒，花了一笔医疗费。无奈之下，李某去 B 公司购买了全新电热水器，B 公司派其员工郝某去安装。在安装过程中，找不到登高用的梯子，李某将张某存放在储藏室的一只木箱搬进卫生间，供郝某安装时使用。安装后郝某因有急事未按要求试用便离开，走前向李某保证该热水器可以正常使用。李某仅将该木箱挪至墙边而未搬出卫生间。李某电话告知张某，热水器已买来装好，张某未置可否。

另外，因暑热难当，李某经张某同意，买了一部空调安装在卧室。

当晚，同学黄某来 A 市探访李某。黄某去卫生间洗澡，按新装的热水器上的提示刚打开热水器，该热水器的接口处迸裂，热水喷溅不止，黄某受到惊吓，摔倒在地受伤，经鉴定为一级伤残。另外，木箱内装的贵重衣物，也被热水器喷出的水流浸泡毁损。

【问题】

1. 由于张某拖欠租金，王某要解除与张某的租赁合同，李某想继续租用该房屋，可以采取什么措施以抗辩王某的合同解除权？

答：李某（次承租人）可以请求代张某（承租人）支付其欠付王某（出租人）的租金和违约金，以抗辩王某的合同解除权。《民法典》第七百一十九条规定，承租人拖欠租金的，次承租人可以代承租人支付其欠付的租金和违约金，但是转租合同对出租人不具有法律约束力的除外。次承租人代为支付的租金和违约金，可以充抵次承租人应当向承租人支付的租金；超出其应付的租金数额的，可以向承租人追偿。

本案中，若张某拖欠租金，王某欲解除与张某的租赁合同，李某享有代为清偿请求权，因为李某具有法律上的利害关系，所以李某向王某提出代为履行张某对房屋的到期租金支付义务时，王某不得拒绝，若王某拒绝，张某有权向公证机关提存相应数额的租金。李某行使该代为清偿请求权代为清偿张某对王某负担的到期租金支付义务后，王某即不再享有法定解除权，不得再通知张某解除房屋租赁合同了。

因此，李某可以请求代张某支付其欠付王某的租金和违约金，以抗辩王某的合同解除权。

2. 李某的医疗费应当由谁承担？为什么？

答案一：由张某（出租人）承担，李某对于损害的发生也有过错，相应减轻张某的赔偿责任

《民法典》第五百七十七条规定，当事人一方不履行合同义务或者履行合同义务不符合约定的，应当承担继续履行、采取补救措施或者赔偿损失等违约责任。《民法典》第五百九十二条规定，当事人都违反合同的，应当各自承担相应的责任。当事人一方违约造成对方损失，对方对损失的发生有过错的，可以减少相应的损失赔偿额。本案中，张某违反明示的合同义务（房屋里配有高端热水器），给李某造成人身损害，该损害未超过李某订立合同时的预见范围，李某有权就此损失请求张某承担违约损害赔偿责任，但李某对于损害的发生也有过错，相应减轻张某的赔偿责任

因此，由张某（出租人）承担，李某对于损害的发生也有过错，相应减轻张某的赔偿责任。

答案二：由张某（出租人）承担，李某对于损害的发生也有过错，应适用过错相抵，相应减轻张某的赔偿责任

《民法典》第一千一百六十五条第一款规定，行为人因过错侵害他人民事权益造成损害的，应当承担侵权责任。《民法典》第一千一百七十三条规定，被侵权人对同一损害的发生或者扩大有过错的，可以减轻侵权人的责任。本案中，张某实施了不作为的加害行为（不按照约定配置热水器的合同义务），给李某造成了人身伤害，二者之间具有因果关系，张某对此损害具有过失。张某的不作为也构成了侵权，李某也有权请求张某承担侵权损害赔偿责任。但李某对于损害的发生也有过错，应适用过错相抵，相应减轻张某的赔偿责任。

因此，由张某承担，李某对于损害的发生也有过错，应适用过错相抵，相应减轻张某的赔偿责任。

3. 李某是否可以更换热水器？李某更换热水器的费用应当由谁承担？为什么？

答：可以；张某承担。

《民法典》第七百一十三条第一款规定："承租人在租赁物需要维修时可以请求出租人在合理期限内维修。出租人未履行维修义务的，承租人可以自行维修，维修费用由出租人负担。因维修租赁物影响承租人使用的，应当相应减少租金或者延长租期。"本案中，因出租人张某不履行租赁物的维修义务，承租人李某自行维修后，有权请求张某承担维修费用。

因此，李某可以更换热水器，李某更换热水器的费用应当由张某承担。

4. 李某购买空调的费用应当由谁承担？为什么？

答：李某。

《民法典》第七百一十五条规定，承租人经出租人同意，可以对租赁物进行改善或者增设他物。承租人未经出租人同意，对租赁物进行改善或者增设他物的，出租人可以请求承租人恢

复原状或者赔偿损失。《城镇房屋租赁合同解释》第十条规定，承租人经出租人同意装饰装修，租赁期间届满时，承租人请求出租人补偿附合装饰装修费用的，不予支持。但当事人另有约定的除外。本案中，李某经过张某的同意购买并安装空调，属于对房屋的装修范畴。对于购买并安装空调的费用承担，双方有约定的按照约定，没有约定的，应由承租人李某承担。

因此，李某购买空调的费用应当由李某承担。

5. 对于黄某的损失，李某、张某是否应当承担赔偿责任？为什么？

答：张某和李某不承担。

《民法典》第五百七十七条规定，当事人一方不履行合同义务或者履行合同义务不符合约定的，应当承担继续履行、采取补救措施或者赔偿损失等违约责任。本案中，李某、张某对黄某遭受的此种损害均无过错（既无故意，亦无过失），李某、张某无须对黄某承担侵权赔偿责任。同时，由于李某、张某与黄某之间无合同关系，亦无缔约磋商关系，因此，对于黄某遭受的人身损害，李某、张某亦无须对黄某承担违约损害赔偿责任或者缔约过失损害赔偿责任。

因此，对于黄某的损失，李某、张某不应当承担赔偿责任。

6. 对于黄某的损失，郝某、B公司是否应当承担赔偿责任？为什么？

答：郝某不应当承担赔偿责任，B公司应当承担赔偿责任。

《民法典》第一千一百九十一条第一款规定"用人单位的工作人员因执行工作任务造成他人损害的，由用人单位承担侵权责任。用人单位承担侵权责任后，可以向有故意或者重大过失的工作人员追偿。"本案中，郝某系因执行工作任务致人损害，应由用人单位B公司承担无过错的替代责任，无权请求郝某承担赔偿责任。但是郝某存在重大过失，B公司承担责任后可以向郝某追偿。

因此，对于黄某的损失，郝某不应当承担赔偿责任，B公司应当承担赔偿责任。

7. 对于张某木箱内衣物浸泡受损，李某、B公司是否应当承担赔偿责任？为什么？

答：李某不应承担赔偿责任，B公司应承担赔偿责任。

《民法典》第一千二百零三条第一款规定，因产品存在缺陷造成他人损害的，被侵权人可以向产品的生产者请求赔偿，也可以向产品的销售者请求赔偿。本案中，热水器的接口处"迸裂"，具有缺陷，构成产品侵权。

因为卫生间较大，热水器安装后，李某"将该木箱挪至墙边"，在一般情况下，因为卫生间较大，热水器在正常情况下的出水不可能淋湿放置在墙边木箱中的衣服。同时，对于该热水器接口处存在的缺陷，李某一无所知，李某对热水器接口处迸裂并淋湿衣服的后果没有预见可能性，不存在过失。所以李某对衣服因热水器缺陷造成的损失不具有过错，不承担赔偿责任。因此，对于黄某的损失，李某不应当承担赔偿责任，B公司应当承担赔偿责任。

一、租赁概述

（一）无权租赁

	承租人擅自转租	偷盗他人之物的无权出租
租赁合同	有效	有效
租金	不构成不当得利	构成不当得利
所有人	无权占有（除非知道6个月后无异议）	无权占有
救济途径	有权解除合同	返还原物请求权行使

【话术】

租赁合同仅为债权合同，不以出租人对租赁物有处分权为必要，所以出租他人之物时，合同仍然有效存在于出租人与承租人之间。

【案例】

自然人甲与乙订立借款合同，其中约定甲将自己的一辆汽车作为担保物让与给乙。借款合同订立后，甲向乙交付了汽车并办理了车辆的登记过户手续。乙向甲提供了约定的 50 万元借款。

一个月后，乙与丙公司签订买卖合同，将该汽车卖给对前述事实不知情的丙公司并实际交付给了丙公司，但未办理登记过户手续，丙公司仅支付了一半购车款。某天，丙公司将该汽车停放在停车场时，该车被丁盗走。丁很快就将汽车出租给不知该车来历的自然人戊。

1. 甲主张乙将汽车出卖给丙公司的合同无效，该主张是否成立？为什么？

答：不成立。

《民法典》第五百九十七条第一款规定："因出卖人未取得处分权致使标的物所有权不能转移的，买受人可以解除合同并请求出卖人承担违约责任。"根据本条推知，无权处分不会影响合同的效力。本案中，乙并未取得汽车所有权，乙将该车出卖给丙公司，属于无权处分，但无权处分的事实不影响买卖合同的效力，乙、丙公司间的汽车买卖合同已经成立并生效

2. 丙公司请求乙将汽车登记在自己名下是否具有法律依据？为什么？

答：有法律依据。

《民法典》第二百二十五条规定，船舶、航空器和机动车等的物权的设立、变更、转让和消灭，未经登记，不得对抗善意第三人。本案中，如前题所述，自乙将车交付丙时，丙公司善意取得汽车所有权，但在为丙公司办理过户登记之前，丙公司取得的汽车所有权不能对抗善意第三人。因此，基于乙、丙公司之间有效的汽车买卖合同，丙公司有权请求乙履行为自己办理汽车过户登记的合同义务。

因此，丙公司请求乙将汽车登记在自己名下具有法律依据。

3. 丁与戊的租赁合同是否有效？为什么？丁获得的租金属于什么性质？

答：（1）有效。《民法典》第七百二十三条规定，因第三人主张权利，致使承租人不能对租赁物使用、收益的，承租人可以请求减少租金或者不支付租金。第三人主张权利的，承租人应当及时通知出租人。本案中，丁盗窃丙公司所有的汽车后，出租给戊，属于擅自出租他人之物，但擅自出租的事实不影响租赁合同的效力，丁、戊之间的汽车租赁合同已经成立并生效。

（2）不当得利。丁获得的租金属于不当得利，因为车不属于丁所有，丁出租汽车所得的价款，构成不当得利。

原则上，租赁合同为**不要式、不要物、双务、继续性**合同。

不定期合同	（1）期限 6 个月以上 + 书面合同 = 定期租租赁合同
	（2）期限 6 个月以上 + 未采用书面合同 = 不定期租赁合同
	不定期租赁指的是双方当事人对租赁期限没有约定或者约定不明的租赁合同
	不定期租赁合同中，当事人可以随时解除合同，但出租人解除合同应当在合理期限之前通知承租人

（二）一房多租的情形

出租人就同一房屋订立数份租赁合同，合同均有效，其顺位：合法占有——登记备案——

合同成立。

不能取得租赁房屋的承租人，可以解除合同并主张承担损害赔偿。

二、最长时间的限制

原则上：租赁合同期限不得超过 20 年，超过 20 年的，缩短为 20 年。

租赁期间届满，当事人可以续订租赁合同，但约定的租赁期限自续订之日起不得超过 20 年。

（1）仍有租期存在，但何时届满不确定，因此，属于不确定期限租赁。

（2）仍受 20 年的限制。

三、效力

1. 保持义务

保持义务，是指出租人交付合于约定使用收益状态的租赁物，这个状态维持到租赁合同的有效期间。

2. 维修义务——保持义务的延伸

若出租人没有交付合于使用收益状态的租赁物，则出租人负有修缮义务。

（1）需有修缮的必要，修缮的可能

（2）修缮义务不履行的效力

①承租人在合理期限催告，催告后仍不维修导致合同目的不能实现的，可以解除合同。

②承租人在合理期限催告，催告后仍不维修的，承租人可以自行维修（请求第三人维修），产生的费用由出租人承担。

因维修租赁物影响承租人使用的，应当相应减少租金或者延长租期。

3. 瑕疵担保

（1）权利瑕疵担保

第三人主张的权利妨碍承租人使用收益，可区别为所有权和抵押权。

类型		具体内容
第三人以所有人自居对承租人主张权利	交付租赁物之前，第三人取得所有权的	交付占有前，第三人主张所有权的，承租人仅可以主张准用买卖合同的规定 出卖人承担损害赔偿责任，并有权解除合同
	先形成租赁占有关系，后取得所有权	适用"买卖不破租赁"，不存在所谓的权利瑕疵担保
第三人以抵押权人自居对承租人主张	先租赁后设定抵押	抵押权实现不能影响已形成的租赁关系
	先登记抵押后租赁	①租赁关系不能影响抵押关系 ②抵押权的拍卖也不受租赁关系的影响

（2）物之瑕疵担保

租赁物的物之瑕疵担保，指的是在租赁期间担保其物的使用收益符合约定的或者法定状态。

买卖：瑕疵需于交付前已经存在（一时性合同）。

租赁：瑕疵于租赁关系存续中存在即可（继续性合同）。

效力：减少租金或解除合同。

【注意】缔约时承租人明知租赁物有瑕疵且危及于安全或人身健康的，承租人虽于订约时已知其瑕疵或已抛弃解除合同的权利，仍得解除合同。

（二）对承租人的效力

1. 支付租金的义务（主给付义务）

（1）按照约定期限，以金钱或其约定之物交付租金。

支付的期日的确定：

情形	内容	
有约定	按照约定支付	
无约定或约定不明 （X = 租赁期限）	X < 1 年	租赁期满支付
	X > 1 年	年满 1 年时支付 期满不满一年的，期满时支付

（2）迟延支付的效果：

承租人迟延支付租金，出租人合理期限内催告，承租人逾期不支付的，出租人可以解除合同（终止合同）。

（3）租金变动：

①因出租人的事由导致租赁物的全部或者部分无法使用收益的，承租人可以减免相应租金。

②情势变更会导致房租增减。

2. 依约定使用收益租赁物

（1）按照约定使用或者按照性质使用产生的损耗 ≠ 损害，因此不产生损害赔偿责任。

（2）承租人未按照约定的方法或者租赁物的性质使用租赁物，致使租赁物受到损失的，出租人可以解除合同并要求赔偿损失（《民法典》第七百一十一条）。

3. 保管义务

（1）承租人本身：善良管理人注意义务，无过失责任。

（2）承租人对于第三人的行为负担保责任。

因承租人的同居人，或被承租人允许为租赁物的使用收益的第三人，应负责任的事由，致租赁物毁损灭失的，承租人负损害赔偿责任（因只需要该第三人应负责任的事由存在，不论承租人本身对于毁损灭失有无故意或过失，承租人均应负担损害赔偿责任，故对承租人而言乃为担保责任，无过失责任）。

4. 租赁物返还义务

租赁关系终止后，承租人应返还租赁物。

5. 不得转租义务

承租人非经出租人承诺，不得将租赁物转租于他人，擅自转租的，出租人有权解除合同。

四、租赁主体变更

（一）出租人变更

出租人变更，指租赁关系存续，租赁不变更同一性。

1. **买卖不破租赁（租赁权优先于所有权《民法典》第七百二十五条）**

【本质】已形成的占有（实际占有）不受之后所有权变动的影响。

（1）需出租人将租赁物所有权让与第三人

（2）形成法定合同关系

（3）使用借贷不得类推适用该规则

2. **房屋租赁优先承买权**

出租人出卖租赁房屋的，应当在出卖之前的合理期限内通知承租人，承租人享有以同等条件优先购买的权利。

（1）仅适用于租赁房屋后再次出卖的情形，不适用于借用合同出卖的情形

在赠与、互易以及因公征用等法律关系中不得适用优先购买权，不能主张优先购买权的损害赔偿请求权。

（2）同等条件的优先购买权属于形成权

第一，同等条件指的是价款数额、付款方式和给付期限等条件相同。

第二，形成权的行使直接会导致合同的成立，不以出卖人同意为要件。

（3）通知承租人出卖的情形

应该在合理的期限内通知承租人，此时承担损害赔偿责任，但是不得主张损害赔偿。

优先购买权作为形成权，适用除斥期间——15 天。

根据《民法典》第七百二十六条规定，出租人履行通知义务后，承租人在 15 日内未明确表示购买的，视为放弃优先购买权。

（4）主张优先购买权的例外：

类型	内容
两个优先购买权 物权优先于占有	房屋共有人行使优先购买权
伦理关系优先于财产关系	出租人将房屋出卖给近亲属，包括配偶、父母、子女、兄弟姐妹、祖父母、外祖父母、孙子女、外孙子女的
放弃优先购买权	出租人履行通知义务后，承租人在 15 日内未明确表示购买的
第三人善意	第三人善意购买租赁房屋并已经办理登记手续的（出租人为有权处分，不构成善意取得）

3. **房屋租赁优先承租权**

第七百三十四条　租赁期限届满，承租人继续使用租赁物，出租人没有提出异议的，原租赁合同继续有效，但是租赁期限为不定期。

租赁期限届满，房屋承租人享有以**同等条件优先承租**的权利。

（二）转租——二房东

转租指承租人不脱离原租赁关系，而将租赁物转交于次承租人的合同。

宗旨：

（1）不得转租

原则上不得转租（高度信任关系）。例外：经过出租人允诺。

①剩余期限内有效

②代为清偿

承租人拖欠租金的，次承租人可以代承租人支付其欠付的租金和违约金，但是转租合同对出租人不具有法律约束力的除外。

（2）擅自转租

《民法典》第七百一十八条规定："出租人知道或者应当知道承租人转租，但是在六个月内未提出异议的，视为出租人同意转租。"

专题十一　家　事

✕背点 1　婚约

1. 婚约（订婚），由男女当事人自行订定，且不得代理，违反则无效。婚约无强制性：故婚约不得请求强制履行。

2. 违背婚约得请求损害赔偿：损害赔偿又可分为财产上与非财产上的损害赔偿。

比如订婚后，发现男方已经和别人订婚，之后乙解除婚约，成为笑料，成为亲友的谈资，让乙遭受精神上的极大痛苦。可以主张精神损害赔偿。

3. 彩礼

彩礼原则上不能返还，例外：（1）未领证，双方未办理结婚登记手续的；（2）离婚时，领了证但未共同生活；（3）离婚时，婚前给付并导致给付人生活困难的。

✕背点 2　结婚

一、结婚的条件

实质要件	1. 男女双方完全自愿。 2. 男女双方达到法定婚龄，即男不得早于 22 周岁，女不得早于 20 周岁。 3. 禁止结婚： （1）禁止与有配偶者结婚，否则构成重婚，后面的婚姻无效 （2）直系血亲和三代以内的旁系血亲不得结婚。比如表兄妹属于三代以内旁系血亲，禁止结婚，否则婚姻无效。
形式要件	双方亲自到婚姻登记机构办理结婚登记。

二、无效的婚姻

1. 无效婚姻的事由和法律后果

	无效的事由
无效婚姻	（1）重婚的
	（2）有禁止结婚的亲属关系的
	（3）未到法定婚龄的
	（4）代理的婚姻无效
	（5）违反公序良俗的婚姻无效

三、可撤销的婚姻——胁迫和重大疾病的欺诈

胁迫	权利主体	受胁迫方可依法向人民法院请求撤销婚姻
	除斥期间	除斥期间——自胁迫行为终止之日起1年而不是自结婚登记之日起1年 被非法限制人身自由的当事人请求撤销婚姻的，自恢复人身自由之日起1年，不适用自民事法律行为发生之日起5年的规定
欺诈	事由	患有重大疾病结婚登记前应如实告知而未告知 重大疾病，比如说艾滋病，不能生育的疾病，不能人道等难以维持夫妻共同生活的疾病均属于
	除斥期间	应当自知道或者应当知道撤销事由之日起1年内提出

四、赔偿请求权

婚姻无效或者被撤销的，无过错方有权请求损害赔偿。

※背点3　离婚

一、登记离婚之离婚冷静期

自婚姻登记机关收到离婚登记申请之日起30日内，任何一方不愿意离婚的，可以向婚姻登记机关撤回离婚登记申请。

上述规定期限届满后30日内，双方应当亲自到婚姻登记机关申请发给离婚证；未申请的，视为撤回离婚登记申请。

二、诉讼离婚

（一）诉讼离婚的法定条件

1. 重婚或有配偶者与他人同居的；
2. 实施家庭暴力或虐待、遗弃家庭成员的；

3. 有赌博、吸毒等恶习屡教不改的；

4. 因感情不和分居满 2 年的；

5. 其他导致夫妻感情破裂的情形。

（二）诉讼离婚中的两项特殊保护

1. 现役军人的配偶要求离婚的，须征得军人同意，但军人一方有重大过错的除外。

2. 女方在怀孕期间、分娩后 1 年内或者终止妊娠后 6 个月内，男方不得提出离婚；但是，女方提出离婚或者人民法院认为确有必要受理男方离婚请求的除外。该规定主要是为了保护妇女和子女的合法权益。所谓"确有必要"，根据司法解释和审判实践，主要指下述两种情况：（1）在此期间双方确实存在不能继续共同生活的重大而急迫的事由，已对他方有危及生命、人身安全的可能；（2）女方怀孕或分娩的婴儿是因与他人通奸所致。

（三）离婚损害赔偿请求权

要件	1. 须当事人双方具有法律认可的夫妻身份。 2. 须夫妻一方实施了法定的过错行为。具体情形包括： （1）重婚； （2）有配偶者与他人同居； （3）实施家庭暴力； （4）虐待、遗弃家庭成员； （5）有其他重大过错。 3. 须因一方的法定过错行为而离婚。 4. 须无过错方因离婚而受到损害。损害包括物质损害和精神损害。 5. 须请求权人无过错。
赔偿范围	离婚损害赔偿的范围，包括物质损害赔偿和精神损害赔偿。
离婚经济补偿	夫妻一方因抚育子女、照料老年人、协助另一方工作等负担较多义务的，离婚时有权向另一方请求补偿。 经济补偿请求权的成立条件：（1）须一方在共同生活中对家庭负担了更多的义务；（2）必须于离婚之时提出请求。
离婚时的经济帮助	离婚时，生活确有困难的一方有权请求另一方给予适当帮助。 经济帮助请求权的成立条件： （1）要求帮助的一方确实有生活困难。一方生活困难，是指依靠个人财产和离婚时分得的财产无法维持当地基本生活水平。一方离婚后没有住处的，也属于生活困难。 （2）要求帮助一方的生活困难存在于离婚时。对离婚时不困难，离婚以后发生困难的，不予帮助。 （3）另一方有经济负担能力。经济帮助以帮助方有负担能力为前提。

（四）离婚时的债务清偿

【试题精选】

甲公司向乙公司借款8000万元，借款期限未到，双方签订以物抵债协议，约定将甲公司的办公楼过户给乙公司，以抵偿债务，但未办理过户登记。

甲公司的债权人丙认为，办公楼应当值1.2亿，该以物抵债协议价格过低，遂向法院提起诉讼，要求撤销该以物抵债协议。乙公司认为，甲公司还有大量财产可以偿还丙公司债务，丙公司主张撤销的理由并不成立。

其后，甲公司又向丁公司借款，这时公司财产已经全部抵押或出质。无奈，甲公司股东A在未与妻子商量的情况下，向丁公司做了保证。

【问题】甲公司为了融资，向丁公司借钱，但甲公司提供不出担保了，股东A就做了保证人。A的保证债务是不是夫妻共同债务？

【答】不属于夫妻共同债务。

根据《最高人民法院关于适用〈中华人民共和国民法典〉婚姻家庭编的解释（一）》可知，个人举债除非经过对方追认或家事代理的，或用于共同生产生活的以外的均属于个人债务。根据案例股东A为公司负债，不具有上述的夫妻共同债务的情形，不能由配偶承担，因此不属于夫妻共同债务。

离婚债务的清偿，分为个人债务和共同债务的清偿。

1. 个人债务

（1）个人债务的认定：即夫妻一方以个人名义所负的与夫妻共同生活无关的债务。

具体情形包括：

①夫妻双方约定由个人负担的债务，但以逃避债务为目的的除外。

②一方未经对方同意，擅自资助与其没有扶养义务的亲朋所负债务。

③一方未经对方同意，独自筹资从事经营活动，其收入确未用于共同生活所负债务。

④其他个人债务：如债权人和债务人明确约定该项债务属于个人债务的。

（2）个人债务的清偿：原则上由本人用个人财产偿还。

2. 共同债务

（1）共同债务的认定：

①夫妻双方共同签字或者夫妻一方事后追认等共同意思表示所负的债务，应当认定为夫妻共同债务。

②配偶一方婚前以其名义借钱，但是债权人能够证明其款项用于婚后共同生活的。

③日常家事代理权中产生的债务。

（2）共同债务的清偿：夫妻承担连带责任。

※背点4　夫妻关系存续期间的财产

1. 法定财产制的分类

夫妻共同所有	（作为职工）所得的工资、奖金、劳务报酬、基本养老金、破产安置补偿费
	（作为老板）生产、经营、投资的收益
	知识产权的收益 婚前发表，婚后取得的稿酬 婚姻期间发表且确定能够取得的，离婚后取得稿酬
	继承或者受赠的财产，但遗嘱或赠与合同中确定只归夫或妻一方的财产除外
	婚后购买的房屋（不管登记在谁的名下）以及婚后的住房补贴，住房公积金
	夫妻一方个人财产在婚后产生的收益，除孳息和自然增值外，应认定为夫妻共同财产

续表

法定夫妻个人特有财产	指在适用夫妻共同财产制的情况下，依据法律规定属于夫或妻个人所有的财产。	
	时间上	婚前财产——婚前财产不因婚姻存续转化成共同财产
	专属性	（1）一方因身体受到伤害获得的医疗费、残疾人生活补助费等费用 （2）遗嘱或赠与合同中确定归属于个人 （3）一方专用的生活用品
	共同共有	个人所有
	婚姻存续期间取得的收益	孳息和增值的部分
	继承或受赠与的财产	继承或赠与时确定归属于一方的
	婚前父母买房，明示赠与双方	婚前父母购房，无明确表示
	婚后父母买房，无明确表示的	婚后父母买房，明示赠与一方的

2. 对共同财产的处分

属于家事代理范畴的，任何人均有处分权。

超出家事代理范畴的，夫妻对共同财产有平等的处理权，基于夫妻关系形成的共同共有，必须共同处分，一人擅自处分，则构成无权处分。

3. 婚姻存续期间财产的分割

共同共有人不得请求分割份额，除非有重大理由或者共有基础丧失，所谓共有基础丧失即为离婚，所谓重大理由指的是：

（1）一方有隐藏、转移、变卖、毁损、挥霍夫妻共同财产或者伪造夫妻共同债务等严重损害夫妻共同财产利益的行为；

（2）一方负有法定扶养义务的人患重大疾病需要医治，另一方不同意支付相关医疗费用。

※背点5 父母子女关系和其他近亲属关系

一、父母子女关系

1. 概念

父母子女关系，又称为亲子关系，是指父母与子女间的权利和义务关系。

父母，包括生父母、养父母和有抚养关系的继父母。

子女，包括婚生子女、非婚生子女、养子女和有抚养关系的继子女。

非婚生子女指的是非婚姻存续中所生的子女。如果是婚生但不具有血缘关系的子女推定为婚生子女。

2. 内容

（1）父母对子女有抚养的义务。

父母不履行抚养义务的，未成年子女或者不能独立生活的成年子女，有要求父母给付抚养费的权利。不直接抚养非婚生子女的生父或者生母，应当负担未成年子女或者不能独立生活的成年子女的抚养费。

"不能独立生活的成年子女"指的是尚在校接受高中及其以下学历教育，或者丧失、部分丧失劳动能力等非因主观原因而无法维持正常生活的成年子女。

"抚养费"指的是子女的生活费、教育费、医疗费等费用。

（2）父母有教育、保护未成年子女的权利和义务。未成年子女造成他人损害的，父母应当依法承担民事责任。

（3）子女对父母有赡养扶助的义务。成年子女不履行赡养义务的，缺乏劳动能力或者生活困难的父母，有要求成年子女给付赡养费的权利。子女对父母的赡养义务，不因父母的婚姻关系变化而终止。

3. 婚生否认之诉

> **【相关法条】**《民法典》第一千零七十三条，对亲子关系有异议且有正当理由的，父或者母可以向人民法院提起诉讼，请求确认或者否认亲子关系。
>
> 对亲子关系有异议且有正当理由的，成年子女可以向人民法院提起诉讼，请求确认亲子关系。

妻子受胎，在婚姻关系存续中的，推定其所生子女属于婚生子女，并不以该子女确实属丈夫的真实血统为必要，因此，若该子女客观上非丈夫的血统子女的，可以根据《民法典》第一千零七十三条的规定，用婚生否认诉讼。

（1）否认权主体是夫妻二人，子女不可以提起否认之诉。

【案例】甲乙是夫妻，婚姻关系存续中A子受胎而被推定为甲夫之婚生子女，A子事实上为乙与丙通奸所生，则A子出生后，丙可否列A、甲为被告，提起婚生否认之诉？

答：不能。原理是为了他人的婚姻的安定以及影响子女的教养权益。

（2）否认权的理由有正当理由——证明血统不真实。

（3）否认权行使的方式，以诉讼的方式行使。

4. 亲子关系的确认之诉

亲子关系的确认之诉，一般是指生父与非婚生子女之间亲子关系的确认，生母可依据分娩胎儿的事实确定亲子关系。

确认之诉的主体有父亲、母亲和成年子女；

生父自愿认可亲子关系，提出亲子关系确认之诉；

生父不愿认可亲子关系，生母以生父为被告提出确认之诉；

父母找到失散的孩子后，向法院提出亲子关系确认之诉；

成年子女以生父或者生母为被告，提出亲子关系确认之诉。

亲子关系确认后，子女与生父母之间即产生抚养、赡养及相互继承遗产的权利义务关系。

【案例】乙是单身，A子事实上为乙妻与丙通奸所生，则A子出生后，A可以主张确定亲子关系。

专题十二　继承编

✕背点 1　继承概述

一、继承的发生

继承的发生	时间	被继承人死亡时开始继承 死亡分成生理死亡和宣告死亡 宣告死亡中法院宣告死亡的判决作出之日视为其死亡的日期，因意外事件下落不明宣告死亡的，意外事件发生之日视为其死亡的日期	
	互有继承关系的多人在同一事件中死亡的时间推定	前提——几个人在同一事件中死亡，不能确定死亡的先后时间	
		死亡人中有的有继承人，有的没有继承人	没有继承人的人先死亡 有继承人的后死亡
		死亡人各自都有继承人的	死亡人辈分不同，推定长辈先死亡
			死亡人辈分相同，推定同时死亡，彼此不发生继承，由他们各自的继承人分别继承

二、继承权丧失

意定丧失	（1）放弃继承权的意思表示，必须书面为之。否则，视为接受继承。在诉讼中，继承人向人民法院以口头方式表示放弃继承的，要制作笔录，由放弃继承的人签名。 （2）放弃继承权的意思表示期间，为继承开始（即被继承人死亡）之后，遗产分割之前 【另外】遗赠权的抛弃行为 受遗赠人应当在知道受遗赠后60日内，作出接受或者放弃受遗赠的表示；到期没有表示的，视为放弃受遗赠。

续表

法定丧失	（1）故意杀害被继承人的 不论是既遂还是未遂，均应确认其丧失继承权	此情形下，被继承人以遗嘱将遗产指定由该继承人继承的，可确认遗嘱无效，丧失继承权
	（2）为争夺遗产而杀害其他继承人的	
	（3）遗弃被继承人的，或者虐待被继承人情节严重的	（要求情节严重） 如以后确有悔改表现，而且被虐待、被遗弃人生前又表示宽恕，可不确认其丧失继承权
	（4）伪造、篡改或者隐匿、销毁遗嘱，情节严重的 继承人伪造、篡改或者销毁遗嘱，侵害了缺乏劳动能力又无生活来源的继承人的利益，并造成其生活困难的，应认定其行为情节严重	
	（5）以欺诈、胁迫手段迫使或者妨碍被继承人设立、变更或者撤回遗嘱	

※背点2　法定继承

一、法定继承的适用情形

1. 适用范围——没有遗嘱

应按法定继承处理的五种情形	遗嘱继承人放弃继承或者受遗赠人放弃受遗赠的
	遗嘱继承人丧失继承权的
	遗嘱继承人、受遗赠人"先于"遗嘱人死亡的
	遗嘱无效部分所涉及的遗产
	遗嘱未处分的遗产

2. 遗嘱的限制

（1）遗嘱继承人只能是法定继承人范围以内的人，遗嘱人必须在遗嘱中为缺乏劳动能力又没有生活来源的法定继承人保留必要的遗产份额。

（2）遗产分割时，应当保留胎儿的继承份额。胎儿娩出时是死体的，保留的份额按照法定继承办理。

二、法定继承人的范围和法定继承顺序

（一）第一顺序继承权人包括

1. 配偶

2. 子女

子女包括婚生子女、非婚生子女、养子女和有抚养关系的继子女。

3. 父母

父母包括生父母、养父母和有扶养关系的继父母。

养子女与养父母互为继承人，与生父母不再互为继承人。但被收养人对生父母扶养较多

的，可以分得生父母适当的遗产。

继子女既可以继承继父母遗产的，也可以继承生父母的遗产。继父母继承了继子女遗产的，也可以继承生子女的遗产。

4. 对公婆、岳父母，尽了主要赡养义务的丧偶儿媳、丧偶女婿

只要丧偶儿媳对公婆、丧偶女婿对岳父母尽了主要赡养义务，不论他们是否再婚，都应作为第一顺序继承人。

（二）第二顺序继承权人包括

1. 兄弟姐妹

兄弟姐妹，包括同父母的兄弟姐妹、同父异母或者同母异父的兄弟姐妹、养兄弟姐妹、有扶养关系的继兄弟姐妹。

【注意】这里的继兄弟姐妹之间的继承权，因继兄弟姐妹之间的扶养关系而发生。没有扶养关系的，不能互为第二顺序继承人。

养子女与生子女之间、养子女与养子女之间，系养兄弟姐妹，可以互为第二顺序继承人，收养关系必须登记，才能发生效力。

2. 祖父母、外祖父母

祖父母、外祖父母，包括生祖父母、生外祖父母、养祖父母和养外祖父母。不包括继祖父母和继外祖父母。

✵背点 3　遗嘱继承

【试题演练 1】

甲男与乙女为夫妻，生下丙男、丁男、戊女和己女四人，己女早亡，未婚先孕留下儿子 E，丙、丁、戊皆结婚成家，丙有子 A，丁有双胞胎女儿 B、C，戊则正怀有胎儿 D。一日甲因遇劳昏倒送警急救，发现已得癌症末期，丁、戊得知乃合谋伪造遗嘱。甲死亡后，丙依法书面抛弃继承，丁戊所伪造的遗嘱又被乙识破。

【问】甲的户头留下 1200 万元遗产如何继承？

【答】乙享有继承权，继承 300 万。E 可以代位继承 300 万。

（1）乙作为甲的配偶，甲的户头的财产其中一半属于夫妻共同财产，乙有权继承遗产。

（2）丙男不得继承，继承人有权抛弃继承。依题意，甲死亡后，丙依法抛弃继承。故甲死亡时，丙不得继承甲的遗产。则丙的儿子 A 不存在代位继承。

（3）丁男、戊女丧失继承权，丁男与戊女合谋伪造遗嘱，被母乙所识破，丧失对甲的继承权，B、C 和 D 也无法代位继承。

（4）己女的儿子 E 享有代位继承权。己女为甲的婚生子女，己女早亡，其儿子 E 有权代位继承甲的遗产。

因此本案中只有乙和己享有继承权，各自继承 300 万。

一、遗嘱的形式

遗嘱	要式行为；死因行为，以被继承人的死亡为生效的要件	
遗嘱的法定的形式	公证遗嘱	指经过公证机关公证的遗嘱 公证遗嘱应当一式二份，由公证机关和遗嘱人分别保存 遗嘱人必须亲自办理公证遗嘱，不得代理。应由两名以上的公证员共同办理。因特殊情况只有一名公证员办理的，应由一名见证人见证并签名	
	自书遗嘱	指遗嘱人生前亲手书写的遗嘱 ①必须由遗嘱人亲自"书写" ②须注明年、月、日 ③须有遗嘱人的亲笔签名	遗书的处理： 自然人在遗书中涉及死后个人财产处分的内容，确为死者真实意思的表示，有本人签名并注明了年、月、日，又无相反证据的，可按自书遗嘱对待
	代书遗嘱	遗嘱人口述遗嘱内容，他人代为书写制作的遗嘱 ①由遗嘱人口述遗嘱内容 ②两个以上无利害关系的见证人在场见证，其中一人代书 ③遗嘱人、代书人、其他见证人签名，并注明年、月、日	
	打印遗嘱	打印遗嘱应当有两个以上见证人在场见证。遗嘱人和见证人应当在遗嘱每一页签名，注明年、月、日	
	录音遗嘱	指由遗嘱人口述，以录音、录像为载体形成的遗嘱 ①由遗嘱人亲自叙述遗嘱的全部内容 ②两个以上无利害关系的见证人在场见证	
	口头遗嘱	指遗嘱人用口头表述的遗嘱 ①须是遗嘱人在危急情况下的口述。例如，遗嘱人生命垂危或者有其他紧急情况，如参与重大军事行动、参加抢险救灾、遭遇意外事故等 ②须有两个以上无利害关系的见证人在场见证	

二、遗嘱的效力

（一）遗嘱的无效

无效	（1）无人或者限人订立的遗嘱无效
	（2）受欺诈、胁迫所订立的遗嘱无效
	（3）伪造的遗嘱无效，遗嘱被篡改的，篡改的内容无效
	（4）"遗嘱生效"时 如果遗嘱剥夺了缺乏劳动能力又没有生活来源的继承人的遗产份额，遗嘱的该部分内容无效
	（5）处分了他人（国家、集体或他人）财产的行为无效
遗嘱变更、撤回	（1）立遗嘱人通过生前处分行为，变更、撤回遗嘱
	（2）通过另行订立遗嘱，变更、撤回以前的遗嘱

（二）遗嘱的撤回

遗嘱人订立有效的遗嘱之后，随时撤回其遗嘱的一部分或全部。

1. 明示撤回

立遗嘱人可以随时立新遗嘱而撤回旧遗嘱的全部或一部分，撤回遗嘱的范围，由立遗嘱人自行选择。

2. 法定撤回

法定撤回的情形有三种：前后遗嘱相抵触、前遗嘱与后行为相抵触、遗嘱的废弃。

（1）前后遗嘱相抵触

前后遗嘱有相抵触的，其抵触的部分，前遗嘱视为撤回。

（2）前遗嘱与后行为相抵触

遗嘱人立了遗嘱后所为的行为与遗嘱有相抵触的，其抵触部分，遗嘱视为撤回。

先前立了遗嘱，立遗嘱人之后实施了与遗嘱内容相抵触的行为，抵触部分，就视同撤回，其余部分仍为有效。

（3）遗嘱的废弃

遗嘱人故意破毁或涂销遗嘱，或在遗嘱上记明废弃的意思，其遗嘱视为撤回。

三、遗赠

概念	遗赠是指自然人以遗嘱的方式将其个人财产赠与国家、集体或者法定继承人以外的组织、个人（包括孙子女），并于其死后生效的民事法律行为 立遗嘱的自然人为遗赠人，被指定接受赠与财产的人为受遗赠人
接受 丧失	1. 明知或者沉默放弃 继承开始后，受遗赠人应当在知道受遗赠后60日内，作出接受或者放弃受遗赠的表示；到期没有表示的，视为放弃受遗赠 2. 权利的剥夺 受遗赠人故意杀害被继承人的，丧失受遗赠权 3. 放弃后遗产的处理 继承开始后，受遗赠人表示接受遗赠，并于遗产分割前死亡的，其接受遗赠的权利转移给他的继承人

※背点4　遗赠扶养协议和代位继承、转继承

1. 遗赠扶养协议，是指由遗赠人与扶养人签订的，由扶养人对遗赠人负生养死葬的义务，遗赠人将自己财产的一部或全部在其死后转移给扶养人所有的协议。扶养人不限于自然人，还包括组织，但自然人中的法定继承人不能做扶养人，国家也不能做扶养人。

【注意】扶养人资格

在遗赠扶养协议中，扶养人不得为对遗赠人负有法定扶养义务的人。

2. 执行顺序

（1）首先执行遗赠扶养协议

（2）遗产有剩余的，执行遗嘱继承或者遗赠

（3）遗产有剩余的，按照法定继承处理

执行遗赠不得妨碍清偿遗赠人依法应当缴纳的税款和债务。

既有法定继承又有遗嘱继承、遗赠的，由法定继承人清偿被继承人依法应当缴纳的税款和债务。

超过法定继承遗产实际价值部分，由遗嘱继承人和受遗赠人按比例以所得遗产清偿。

遗赠扶养协议解除的后果：

继承人以外的组织或者个人与自然人签订遗赠扶养协议后，无正当理由不履行，导致协议解除的，不能享有受遗赠的权利，其支付的供养费用一般不予补偿；遗赠人无正当理由不履行，导致协议解除的，则应当偿还继承人以外的组织或者个人已支付的供养费用。

3. 遗产分割的原则

先遗嘱继承后法定继承原则	在有遗嘱的情况下，首先应按照遗嘱的指定分割遗产
保留胎儿继承份额原则	遗产分割时应当保留胎儿的继承份额，没有保留的，应从继承人所继承的遗产中扣回。为胎儿保留的遗产份额，如胎儿出生后死亡的，由其继承人继承；如胎儿娩出时是死体的，由被继承人的继承人继承

4. 侵害他人继承权益的后果

根据《〈民法典〉继承编的解释（一）》，人民法院对故意隐匿、侵吞或者争抢遗产的继承人，可以酌情减少其应继承的遗产。

5. 代位继承和转继承

（1）代位继承

代位继承，指在法定继承中，被继承人的子女或者兄弟姐妹先于被继承人死亡，应由被继承人子女或兄弟姐妹继承的遗产份额，由被继承人子女的晚辈直系血亲或者兄弟姐妹的子女继承的法律制度。

【注意】被代位人和代位人均未丧失继承权。

遗产中应依照法定继承的部分，才适用代位继承。遗嘱继承不适用代位继承。

只要有法定继承的部分才适用代位继承，存在遗嘱继承的，仍然适用遗嘱继承。

（2）转继承

条件	被继承人死亡，继承开始
	继承开始后，遗产分割前法定继承人、遗嘱继承人或者受遗赠人死亡 通俗地讲，按辈分死亡继承
	法定继承人或者遗嘱继承人没有放弃继承，或者受遗赠人已经接受遗赠
效果	继承遗产的权利转移给他的合法继承人
	其接受遗赠的权利转移给他的继承人

客观题 主观题

内部嘟学班

📹 **录播课** + 📺 **直播课**

全年保姆式课程安排

01 针对在职在校学生设置 **02** 拒绝懒惰没计划效率低

03 全程规划督学答疑指导 **04** 学习任务按周精确到天

你仅需好好学习其他的都交给我们

✅ 每日督学管理   ✅ 个人学习计划   ✅ 阶段测评模拟

✅ 专辅1V1答题   ✅ 个人学习档案   ✅ 考点背诵任务

✅ 主观题1V1批改

 扫码立即
咨询客服

 扫码下载
小嘟AI课APP

文都法考

客观题 主观题
面授密训班

内部密训课程 ✓ 内部核心资料 ✓ 揭示命题套路 ✓

直击采分陷阱 ✓ 传授答题思路 ✓ 强化得分能力 ✓

全封闭
管理

专题式
密训

专辅跟班
指导

阶段模拟
测评

点对点
背诵检查

手把手
案例批改

1V1
督学提醒

扫码立即
咨询客服

扫码下载
小嘟AI课APP